1867 1er Novembre 11 n° 603

CATALOGUE
DES LIVRES

DES MANUSCRITS ORIENTAUX

ET

DES OUVRAGES EN NOMBRE

COMPOSANT LA BIBLIOTHÈQUE

DE

FEU M. J.-T. REINAUD

MEMBRE DE L'INSTITUT, OFFICIER DE LA LÉGION D'HONNEUR,
CONSERVATEUR DES MANUSCRITS DE LA BIBLIOTHÈQUE IMPÉRIALE,
PRÉSIDENT DE L'ÉCOLE DES LL. OO. VV. ET DE LA SOCIÉTÉ ASIATIQUE,
MEMBRE DES ACADÉMIES DE VIENNE, DE BERLIN,
DE SAINT-PÉTERSBOURG ET DE PLUSIEURS AUTRES SOCIÉTÉS SAVANTES.

PRÉCÉDÉ D'UNE NOTICE SUR SA VIE

PAR M. J. MOHL, MEMBRE DE L'INSTITUT.

La vente aura lieu en son domicile, quai Conti, 15.

Le lundi 11 novembre 1867 et jours suiv., à 7 h. du soir,

Par le ministère de Mᵉ HAMOUY, commissaire-priseur,
Rue Bleue, 1.

Le libraire, chargé de la vente, remplira les commissions des personnes qui
ne pourraient y assister. — Les envois se feront contre remboursement.

I0039836

PARIS

ADOLPHE LABITTE, LIBRAIRE DE LA SOCIÉTÉ ASIATIQUE

QUAI MALAQUAIS, 5.

1867

CATALOGUE

DES LIVRES

COMPOSANT LA

BIBLIOTHÈQUE DE FEU M. J.-T. REINAUD.

ORDRE DES VACATIONS.

Paris. — Imprimerie de Ad. Lainé et J. Havard, rue des Saints-Pères, 19.

CATALOGUE

DES LIVRES

DES MANUSCRITS ORIENTAUX

ET

DES OUVRAGES EN NOMBRE

COMPOSANT LA BIBLIOTHÈQUE

DE

FEU M. J.-T. REINAUD

MEMBRE DE L'INSTITUT, OFFICIER DE LA LÉGION D'HONNEUR,
CONSERVATEUR DES MANUSCRITS DE LA BIBLIOTHÈQUE IMPÉRIALE,
PRÉSIDENT DE L'ÉCOLE DES LL. OO. VV. ET DE LA SOCIÉTÉ ASIATIQUE,
MEMBRE DES ACADÉMIES DE VIENNE, DE BERLIN,
DE SAINT-PÉTERSBOURG ET DE PLUSIEURS AUTRES SOCIÉTÉS SAVANTES.

PRÉCÉDÉ D'UNE NOTICE SUR SA VIE

PAR M. J. **MOHL**, MEMBRE DE L'INSTITUT.

La vente aura lieu en son domicile, quai Conti, 15.

Le lundi 11 novembre 1867 et jours suiv., à 7 h. du soir,

Par le ministère de M⁰ HAMOUY, commissaire-priseur,
Rue Bleue, 1.

Le libraire, chargé de la vente, remplira les commissions des personnes qui
ne pourraient y assister. — Les envois se feront contre remboursement.

PARIS

ADOLPHE LABITTE, LIBRAIRE DE LA SOCIÉTÉ ASIATIQUE

QUAI MALAQUAIS, 5.

—

1867

A la dernière séance générale de la *Société asiatique,*
M. MOHL, membre de l'Institut, a prononcé les paroles
suivantes :

M. Reynaud était né en 1795 à Lambesc, en Provence,
et fit ses études au séminaire d'Aix, où il se distingua par
sa grande ardeur pour le travail. Il vint à Paris en 1814
pour achever ses études ecclésiastiques et pour suivre les
cours des langues orientales qui pouvaient lui être utiles.
C'est ainsi qu'il devint en même temps que Freytag, que les
chances de la guerre avaient amené à Paris, élève de M. de
Sacy ; ce qui décida du cours entier de sa vie. Il accom-
pagna, en 1818, M. de Portalis, en qualité de secrétaire,
à Rome où il continua ses études sous les Maronites de la
Propagande, et où il s'occupa surtout de la numismatique
musulmane. Revenu à Paris, il fut chargé par M. de Blacas
de rédiger la description de la partie musulmane de ses
collections d'antiquités et de médailles. Il commença par
publier en 1820 une lettre à M. de Sacy sur cette collection (1), mais son travail détaillé ne parut qu'en 1828, en

---

(1) *Lettre à M. Silvestre de Sacy,* sur la collection de monuments orientaux
de M. le comte de Blacas. Paris, 1820, in-8°.

deux volumes (1). Cet ouvrage contient beaucoup plus que ce qu'on était en droit d'attendre de la description d'un cabinet d'antiques ; il forme un véritable traité d'épigraphie arabe, le premier qui ait paru, et, je crois, jusqu'à présent le seul. L'auteur y explique les formules principales dont les Musulmans se servent sur leurs sceaux et sur les pierres gravées et dont ils aiment à orner leurs armes et leurs ustensiles, et il entre dans beaucoup de détails sur les usages, les préjugés et les superstitions qu'il faut connaître pour résoudre les nombreuses difficultés que présentent ces petits monuments. C'est de tous les ouvrages de M. Reinaud celui qui a été le plus utile. Il devait être suivi par la description des médailles musulmanes de M. de Blacas, mais cette partie du travail n'a jamais été achevée, parce que les fonctions que M. Reinaud accepta en 1824, au cabinet des manuscrits de la Bibliothèque du Roi, l'entraînaient de plus en plus vers les études historiques. A partir de cette époque, il renonça d'un côté à la carrière de l'église, à laquelle il avait été destiné dès son enfance, mais qu'il n'avait suivie que jusqu'au point qui lui donnait le droit de prendre le titre honorifique d'abbé, que portent ses premières publications et qu'il abandonna alors ; de l'autre côté, il renonça presque entièrement aux études numismatiques et épigraphiques qui l'avaient occupé jusqu'alors, et se voua entièrement à l'histoire de l'Orient.

Il commença, bientôt après son entrée à la Bibliothèque, la longue série de ses ouvrages historiques et géographiques, par la publication d'extraits d'auteurs orientaux relatifs aux croisades (2), qu'il emprunta à l'admirable collection

(1) *Monuments arabes, persans et turcs*, du cabinet de M. le duc de Blacas et d'autres cabinets, considérés et décrits d'après leurs rapports avec les croyances, les mœurs et l'histoire des nations musulmanes, par M. Reinaud. Paris, 1828, 2 vol. in-8°, avec planches.

(2) *Extraits des historiens arabes* faisant partie de la biographie de l'Histoire des croisades de M. Michaud, traduits en partie et revus pour le reste par M. J.-T. Reinaud. Paris, 1822, in-8°.

de matériaux qu'avait préparés le bénédictin dom Berthereau. Après peu de temps, il jugea lui-même très-sévère-
ment ce premier essai, corrigea les traductions qu'il avait
empruntées à dom Berthereau, et publia en 1828 une nouvelle édition très-augmentée de l'ouvrage (1). Ce travail
servit à rappeler à l'Académie des inscriptions qu'elle avait
encore à recueillir un héritage des bénédictins, et ne fut
pas sans influence sur la décision que prit, dix ans plus
tard, cette compagnie savante de publier un corps complet
d'historiens orientaux et occidentaux des croisades. M. Reinaud lui-même fut reçu membre de l'Académie en 1832,
et fit paraître peu de temps après son Histoire de l'invasion
des Sarrasins en France (2).

Pendant que ce volume s'imprimait, M. de Sacy conçut,
en 1834, le plan de faire publier par la Société asiatique le
texte arabe de la géographie d'Aboulféda, d'après le manuscrit autographe, conservé à Leyde. Il proposa pour édi-
teurs M. Reinaud et M. de Slane, et il put encore lui-même
surveiller l'impression de la moitié du volume. L'ouvrage
fut terminé en 1840 (3), et la Société a toujours été juste-
ment fière de cette publication. M. Reinaud commença
alors la traduction de cet ouvrage et en fit paraître, en
1848, le premier volume (4) et la première moitié du second, précédée d'une longue introduction dans laquelle il
entreprit pour la première fois de faire une histoire chrono-

---

(1) *Extraits des historiens arabes, relatifs aux guerres des croisades*, ouvrage formant, d'après les écrivains musulmans, un récit suivi des guerres
saintes; nouvelle édition entièrement refondue par M. Reinaud. Paris, 1829,
in-8°.

(2) *Invasion des Sarrasins en France et de France en Savoie, en Piémont
et dans la Suisse*, d'après les auteurs chrétiens et mahométans, par M. Reinaud. Paris, 1836, in-8°.

(3) *Géographie d'Aboulféda*, texte arabe publié d'après les manuscrits de
Paris et de Leyde, aux frais de la Société asiatique, par M. Reinaud et M. de
Slane. Paris, 1840, in-4°.

(4) *Géographie d'Aboulféda*, traduite de l'arabe en français et accompagnée de notes et d'éclaircissements, par M. Reinaud, vol. I et II. Paris,
1848, in-4°.

logique et systématique des connaissances et des découvertes géographiques des Arabes. C'est, je crois, le meil-
leur des ouvrages de l'auteur, et il est à regretter que
d'autres occupations ne lui aient pas laissé le temps de
l'achever.

M. de Sacy, le restaurateur des études arabes en Europe,
étant mort en 1838, M. Reinaud eut le grand et périlleux
honneur de lui succéder dans sa chaire d'arabe à l'École des
langues orientales vivantes, de même qu'il lui succéda plus
tard dans la place d'administrateur des manuscrits orientaux de la Bibliothèque impériale. Son édition d'Aboulféda
avait mis M. Reinaud en goût d'études sur la géographie, et
il entreprit, sur la demande de M. Lebrun, alors directeur
de l'Imprimerie royale, de terminer l'édition d'une relation
de voyages faits par quelques marchands arabes dans les
mers de la Chine, dont Renaudot avait déjà donné une traduction en 1718. Le texte arabe de ce petit livre avait été
imprimé par Langlès en 1811, mais la traduction n'avait
pas été faite et l'édition du texte était restée dans les maga-
sins de l'imprimerie. M. Reinaud en fit la traduction, l'ac-
compagna d'une introduction et de notes, et publia le tout
en 1845 (1). D'autres travaux sur la géographie et l'histoire
des Arabes se suivirent rapidement ; M. Reinaud publia
dans notre journal les fragments arabes relatifs à l'histoire
de l'Inde (2), qui font suite à un semblable recueil qu'avait
fait paraître M. Gildemeister. Il se servit plus tard de ces
documents comme de pièces justificatives dans un mémoire
de grande étendue sur l'ancienne géographie de l'Inde, qui
a paru dans les *Mémoires de l'Académie des inscriptions* (3).

(1) *Relation des voyages faits par les Arabes et les Persans dans l'Inde et
à la Chine*, dans le IXᵉ siècle de l'ère chrétienne, imprimé en 1811 par les
soins de feu Langlès, publiée par M. Reinaud. Paris, 1845, 2 vol. in-18.

(2) *Journal asiatique*, année 1844 et 1845.

(3) *Mémoire géographique, historique et scientifique sur l'Inde*, antérieurement au milieu du XIᵉ siècle de l'ère chrétienne, d'après les écrivains arabes,
persans et chinois, par M. Reinaud, dans les *Mémoires de l'Académie des
inscriptions*, vol. XVIII. Paris, 1849, in-4°.

Cet ouvrage fut suivi par des travaux analogues sur le royaume de la Mésène et de la Characène (1), sur le périple de la mer Érythrée et la navigation des mers orientales au 3ᵉ siècle de notre ère (2); enfin par un mémoire très-étendu sur les connaissances des Romains en géographie orientale (3), et sur les plans de conquêtes en Asie que l'auteur attribue à Auguste (4).

C'est le dernier ouvrage que M. Reinaud ait publié lui-même; mais il a laissé deux travaux dont l'impression est assez avancée pour qu'ils puissent paraître, l'un dans quelques jours, l'autre dans quelques mois. Le premier est un rapport sur les progrès que la littérature arabe a faits en France depuis vingt ans; il a été demandé par M. le Ministre de l'instruction publique; l'autre, bien plus considérable, est le premier volume de la Collection d'historiens arabes des croisades, dont la publication lui avait été confiée par l'Académie des inscriptions. Ce volume commence par la traduction des parties des Annales d'Aboulféda qui se rapportent aux croisades et qui servent ainsi d'introduc-

(1) *Journal asiatique*, année 1861.

(2) *Mémoire sur le périple de la mer Érythrée et sur la navigation des mers orientales au milieu du* iiiᵉ *siècle de l'ère chrétienne*, d'après les témoignages grecs, latins, arabes, persans, indiens et chinois, par M. Reinaud. Dans les *Mémoires de l'Académie des inscriptions*, vol. XXIV. Paris, 1864, in-4°.

(3) *Journal asiatique*, année 1863.

(4) Je crains d'avoir fait des oublis, car je m'aperçois au dernier moment de n'avoir pas parlé de la nouvelle édition du Hariri de M. de Sacy, qui a paru sous ce titre: *les Séances de Hariri*, avec un commentaire choisi, par Sylvestre de Sacy; deuxième édition, revue sur les manuscrits et augmentée d'un choix de notes historiques et explicatives en français, par MM. Reinaud et Derenbourg. Paris, 1847, in-4°. Au reste, des sujets de ce genre entraient moins dans le cercle habituel des études de M. Reinaud; aussi n'y a-t-il guère de lui que l'introduction; les notes françaises qui terminent l'ouvrage sont toutes de la main de M. Derenbourg. Il avait aussi eu l'idée de publier une nouvelle édition de la grammaire de M. de Sacy, mais il rencontra des difficultés qui le firent renoncer à ce plan et le déterminèrent à composer une grammaire arabe tout à fait indépendante de celle de M. de Sacy. J'ignore jusqu'à quel point il a poursuivi cette idée.

tion aux textes des auteurs spéciaux qui doivent être reproduits. Ces textes commencent par les extraits de la Chronique d'Ibn-el-Athir, qui remplissent la plus grande partie de ce volume et s'étendront encore sur une partie du second. Après avoir fait imprimer la première moitié du premier volume, M. Reinaud s'adjoignit notre collègue, M. Defrémery, pour continuer la rédaction du texte et la traduction, ne se réservant à lui-même que l'introduction générale à la Collection, dans laquelle il se proposait de présenter le tableau de l'état politique et religieux du monde musulman à l'époque des croisades. Il consacra plusieurs années aux études qu'exigeait un cadre aussi ambitieux, et n'eut pas le temps de terminer ce travail, dont il n'a achevé qu'un fragment sur l'histoire des Seldjoukides, qui pourra, je l'espère, paraître dans votre journal.

Dans son ardeur pour le travail, M. Reinaud ne tenait pas compte des droits de son âge et de l'affaiblissement de ses forces. Il en avait un sentiment vague; il m'a dit, il y a deux ans, qu'il devait se restreindre et s'appliquer uniquement à terminer ce qu'il avait commencé; il aurait probablement dû, dès lors, cesser tout travail, mais il ne pouvait s'y résigner, et est tombé victime de son activité incessante par un de ces terribles accidents par lesquels se venge le cerveau auquel les savants n'accordent pas le repos dont il a besoin. M. Reinaud a été président de votre Société pendant vingt ans, et vous savez tous avec quelle exactitude il a rempli les devoirs de sa charge. C'est cette persévérance dans tout ce qu'il a entrepris qui a permis à M. Reinaud de conquérir la place qu'il occupait dans le monde savant; un travail lent, mais incessant, et le soin de ne jamais perdre de vue un instant le but qu'il poursuivait, l'ont mis en état de tirer de sa vie et de son talent tout le fruit qu'il était possible d'en tirer.

L'excellente Bibliothèque dont nous publions aujourd'hui le Catalogue, est composée surtout d'ouvrages orientaux.

Nous avons cru devoir adopter le classement le plus simple et le plus facile pour les recherches, en rattachant à chaque langue les textes qui composent sa littérature.

La langue arabe, la plus riche de toutes, formant neuf subdivisions, est groupée dans un seul faisceau, depuis le n° 787 jusqu'au n° 1105.

On trouvera dans cette bibliothèque plusieurs des grands ouvrages sur les langues orientales, publiés en France, en Allemagne, en Angleterre et en Hollande, depuis quelques années.

Nous nous bornons à citer un petit nombre d'articles parmi les plus importants.

Le n° 2. La Bible de Cahen, 18 vol. in-8.

250. De Humboldt. L'Asie centrale, 3 vol. in-8.

385. Collection des Classiques grecs, imprimée par MM. Didot.

418. Collection des Classiques latins, publiée par M. Nisard, 27 vol. gr. in-8.

604. Le Dictionnaire turck et persan de Meninski.

612. Le Journal asiatique, complet.

614. Journal de la Société asiatique du Bengal.

620. La Collection orientale, 8 vol. gr. in-fol.

723. Zend-Avesta, d'Anquetil-Duperron, 3 vol in-4.

854. Le Dictionnaire arabe de Freytag, 4 vol. in-4, en gr. pap.

864 à 878. Les diverses éditions et traductions du Koran.

944 à 948. Les Séances de Hariri. Diverses éditions.

961. Les Proverbes arabes, publiés par Freytag. 3 vol. in-8.

990 à 994. La Géographie d'Aboul-Féda.

1034. Abul-Feda. Annales muslemici, 5 vol. in-4.

1070. Al Makkari. Histoire et littérature des Arabes d'Espagne. 5 vol in-4.

1105. Dictionnaire bibliographique de Haji-Khalfa, publié par Fluegel, 7 vol. in-4.

1754. Histoire des Arabes avant l'Islamisme, par M. Caussin de Perceval, 3 vol. in-8

1975. L'Étrurie, par M. Noël des Vergers, 2 vol. et atlas.

2010. Mionnet. Médailles, 18 vol. in-8.

2098. Académie des Inscriptions, 1815-66, 30 vol. in-4.

2102. Manuscrits de la Bibliothèque impériale, 25 vol. in-4.

2103. Biographie de Michaud, 80 vol. in-8.

2104. — — de F. Didot, 46 vol. gr. in-8.

2133. Le Manuel de M. Brunet, 1860, 6 vol. gr. in-8.

2187 à 2216. Les manuscrits orientaux.

2217 à 2231. Les ouvrages de M. Reinaud.

CATALOGUE

DES LIVRES

COMPOSANT LA

BIBLIOTHÈQUE DE FEU M. J.-T. REINAUD
MEMBRE DE L'INSTITUT.

———≈———

THÉOLOGIE.

—

ÉCRITURE SAINTE. — VIES DE JÉSUS-CHRIST.
LITURGIE. — THÉOLOGIENS.

1. Biblia hebraïca, cum punctis, edita a Johanne Simon. *Amstelod.*, 1753, 2 vol. in-8, bas.

2. La Bible, traduction nouvelle, avec l'hébreu en regard, par Cahen. *Paris,* 1831-39, 18 vol. in-8, d.-rel.

3. La Sainte Bible, en latin et en français, avec des notes tirées des commentaires de dom Calmet et de l'abbé de Vence. *Paris, Méquignon,* 1820-24, 25 vol. in-8, et atlas in-fol. oblong, bas.

4. La Sainte Bible, revue par David Martin. *F. Didot*, 1839, in-8, bas.

5. Die Bibel, nach der deutschen Uebersetzung Dʳ Martin Luthers. *Frankfurt am Main*, 1854, in-8, bas.

6. La Sainte Bible, en langue arabe. *Londres,* grand in-8, v.

7. Biblia Malaïca, edidit J. Willmet. *Harlemi*, 1824, gr. in-8, v.

8. Vetus.Testamentum, gr. et lat., cura et studio N. Jager. *Parisiis, F. Didot*, 2 vol. gr. in-8, d. v.

9. Libri Veteris Testamenti apocryphi, syriacè, è recognitione de Lagarde. *Lipsiæ*, 1861, in-8, br.

10. Liber Geneseos et libri Exodi et Levitici secundum Arabicam Pentateuchi Samaritani versionem, ab Abusaido conscriptam, edidit Kuenen. *Lugd. Bat., Brill*, 1851-1854, 2 part. in-8, br.

11. Davidis Psalterium, coptice et arabice. *Romæ*, 1744, in-4, d.-rel.

Catalogue de Sacy, I, n° 691.

12. Novum Testamentum triglottum, græce, latine et germanice, recensuit Frid. Tischendorf. *Lips.*, *Avenarius*, 1854, in-8, oblong, d. v. ant.

13. Le Nouveau Testament, en arabe. In-8, v.

14. The New Testament of our lord Jesus Christ, translated from the greek into persian, by Henry Martyn. *London*, 1827, in-8, bas.

15. Novum Testamentum syriacum, cum versione latinâ, curâ et studio Johannis Leusden. *Lugd.-Batav.*, 1717, in-4, vélin.

16. De Novi Testamenti versione syriaca antiqua, scripsit Wichelhans. *Halis*, 1850, in-8, d.-rel.

17. The New Testament of our lord, translated from the greek into the hindoestanee language, by Martyn. *London*, 1819, in-8, relié.

18. The New Testament into the pushto language. *Serampore*, 1818, in-8, veau fil.

19. Novum Testamentum Jesu Christi, in linguam amharicam vertit Abu-Rumi, edidit Th. Platt. *Londini*, 1829, in-4, v. br.

20. Novum Testamentum Jesu Christi, æthiopice, edidit Th. Platt. *Londini*, 1830, in-4, v. br.

21. Die vier Evangelien, arabisch, von Paul de La Garde. *Leipsig,* 1864, in-8, br.

22. Les quatre Évangiles, en copte et en arabe. *Londres,* 1829, in-4, v.

23. La Sainte Bible résumée dans son histoire et ses enseignements. *Paris, F. Didot,* 1854-59, 2 vol. in-8, d. v.

24. Sacrorum bibliorum concordantiæ. *Lugd.,* 1664, in-4, v. br.

25. Dictionnaire historique de la Bible, par Augustin Calmet. *Paris,* 1730, 4 vol. in-fol. rel. fig.

26. Beiträge zur Geschichte der æltesten Auslegung und Spracherklærung des alten Testaments, von H. Ewald und Leop. Dukes. *Stuttgard,* 1844, 3 t. en 1 vol. in-8, d.-rel.

27. Commentaire géographique sur l'Exode et les Nombres, par Léon de Laborde. *Paris,* 1841, in-fol. d.-rel.

28. Traité de la situation du paradis terrestre, par Huet. *Amst.,* 1701, in-12, v. br.

29. Biblical Researches in Palestine, Mount-Sinai and Arabia Petræa, by Ed. Robinson and E. Smith, *Boston,* 1841, 3 vol. gr. in-8, cartonnés. *Cartes et plans.*

30. Later biblical Researches in Palestine and the adjacent regions, by Ed. Robinson, Eli Smith and others. *London, Murray,* 1856, gr. in-8, cartes; perc.

31. De Rossi. Introduzione alla sacra Scrittura. *Parma,* 1817. — Sinopsi della Ermeneutica sacra. 1819. — Della Lingua propria di Christo. 1772, 3 part. en 1 vol. gr. in-8, rel.

32. Herméneutique sacrée, par Janssens, trad. du latin par Pacaud. *Paris, Blaise,* 1833, 3 vol. in-12, d.-rel.

33. Des Titres primitifs de la Révélation, ou Considérations critiques sur la pureté et l'intégrité du texte original de l'Ancien Testament, par Fabricy. *Rome*, 1772, 2 vol. in-8, pap. de Holl. v.

34. Histoire de la vie de Jésus-Christ, par le père de Ligny. — Hist. des Actes des Apôtres, par le même. *Paris, Méquignon,* 1823-24, 3 vol. in-8, bas.

35. De Stolberg. Histoire de Jésus-Christ. *Paris,* 1858. — Gustave Brunet. Les Evangiles apocryphes. 1863. — Autre édition. 1848. — H. Martin. La Vie future. 1858. — Ensemble 4 vol. in-12, d. v.

36. Jésus-Christ, son temps, sa vie et son œuvre, par de Pressensé. *Paris, s. d.,* in-8, br.

37. Joannis apostoli de transitu Beatæ Mariæ virginis liber, arabicè, ex recensione Engeri. *Elberfeldæ,* 1854, in-8, br.

38. Les Saints Lieux. Pèlerinage à Jérusalem, par Mgr Mislin. *Paris, Lecoffre,* 1858, 2 vol. gr. in-8, br. *Cartes.*

39. De Cruce Vaticana commentarius, auctore S. Borgia. *Romæ,* 1779. — De Catholicis seu patriarchis chaldæorum et nestorianorum, commentarius, auctore Assemanno. 1775, 2 part. en 1 vol. in-4, d.-rel.

40. *Kitab-el-Endjil-el-Cherif.* Livre du saint Evangile divisé pour tout le cours de l'année, suivant l'ordre des SS. Pères orientaux. (*Au Liban,* 1776), in-fol. maroq. rouge, fig.

Voyez le Catalogue de M. de Sacy, n° 1338.

41. Ordo divinæ Missæ Armenorum, arm. et lat. *Romæ,* 1642, in-4, d.-rel.

42. Missale, rituale, pontificale; coptice et arabice. *Romæ,* 1736-1764, 4 vol. in-4, d.-rel. n. rog.

Catalogue de Sacy, 1357-1361.

43. Missale in usum sacrum. 1861, in-8, br.—The ancient liturgies of the Gallican Church, by Neale. 1855, 2 part. in-8, br. —S. Gregorii Nysseni quæ supersunt, gr. et lat., edidit Forbesius. 1855, tome premier en 2 part. — 5 vol. in-8, br.

44. Missel romain. *Paris, Vaton*, 1858, in-12, rel.

45. Eucologe en arabe, à l'usage des chrétiens catholiques de Syrie. *Imprimé au monastère de St-Jean dans le Kesrouan*. 1758, pet. in-4, d.-rel.

Catalogue de M. de Sacy, tome Ier, n° 1339.

46. Preces S. Niersis Armeniorum patriarchæ, armenice. *Venetiis*, 1823; in-12, d.-rel.

47. Abrahami Ecchellensi liber de origine nominis papæ. — Ejusdem Eutichius vindicatus. *Romæ*, 1660-61, 2 part. en 1 vol. in-4, d.-rel.

48. Dissertatio de Syrorum fide et disciplina in re Eucharistica, scripsit Lamy. *Lovanii*, 1859, in-8, broch.

49. Dottrina cristiana composta dall' Em. card. Bellarmino, arabicè. *Roma*, 1770, pet. in-8, d.-rel.

Catalogue de Sacy, tome Ier, page 265.

50. Dottrina Cristiana del' Em. card. Bellarmino, arab., ethiop. et ital. *Roma,* 1786, in-4, d.-rel.

51. Catéchisme à l'usage de toutes les églises de l'Empire francais. *Paris*, 1806, in-12, d.-rel.

52. Théologie, par l'abbé Bergier. *Paris,* 1788, 3 vol. in-4, bas.

53. Monumenta sacra et profana, opera collegii doctorum bibliothecæ Ambrosianæ. *Mediolani*, 1866, 3 tomes en 7 fascicules, in-4, br.

54. Didascalia apostolorum, syriacè. *Lips.*, 1854, in-8, cart.

Tiré à cent exemplaires.

55. Constitutiones apostolorum, græcè, de Lagarde edidit. *Lipsiæ*, 1862, in-8, br.

56. Choix de monuments primitifs de l'Eglise chrétienne. *Paris, Desrez,* 1840, gr. in-8, d.-rel.

57. Chefs-d'œuvre des Pères de l'Eglise, traduits avec le texte latin en regard. *Paris,* 1837, 15 vol. in-8, d.-rel. v.

58. Clément d'Alexandrie, sa doctrine et sa polémique, par l'abbé Cognat. *Paris, Dentu,* 1859, in-8, d. v. fauve.

59. La Préparation évangélique, traduite du grec d'Eusèbe, avec des notes par Séguier de Saint-Brisson. *Paris, Gaume,* 1846, 2 vol. in-8, d.-rel.

60. Philosophumena, sive' hæresium confutatio, opus Origeni adscriptum, gr. cum versione latinâ et notis illustravit Patricius Cruice. *Parisiis, Typogr. imper.,* 1860, gr. in-8, d. v. fauve.

61. OEuvres de S. Jérôme, publiées en français par Benoist Matougues. *Paris, Desrez,* 1838, gr. in-8, d.-rel.

62. Titi Bostreni contra Manichæos quæ servata sunt, gr., ed. de Lagarde. *Berolini,* 1859, in-8, rel. — Griechischen Uebersetzung der Proverbien, von de Lagarde. In-8, br.

63. Clementis Romani recognitiones, syriacè, de Lagarde edidit. *Lipsiæ,* 1861, in-8, br.

64. OEuvres choisies de Bossuet. *Versailles, Lebel,* 1821, 26 vol. — Hist. de Bossuet, par le cardinal de Bausset. 4 vol. — Ensemble 3o vol. in-12, v. fil.

65. Bossuet. Connaissance de Dieu et de soi-même. — Oraisons funèbres. — Histoire universelle. — *Paris,* 1847, 3 vol. in-12, rel.

66. OEuvres choisies de Fénelon. *Paris, Guibert,* 1825, 6 vol. in-8, d.-rel.

67. Massillon. OEuvres choisies. *Paris, Delestre-Boulage,* 1825, 6 vol. in-8, d.-rel.

68. Choix d'ouvrages mystiques, traduits du latin
en français. *Paris, Desrez*, 1835, gr. in-8, d.-rel.

69. Imitation de Jésus-Christ, traduite en sept langues. *Lyon*, 1841, gr. in-8, d.-rel.

70. OEuvres de sainte Thérèse, traduites par Marcel
Bouix. *Paris,* 1852, in-8, rel.
Tome Ier, comprenant la vie de sainte Thérèse.

71. Explication de divers monuments singuliers qui
ont rapport à la religion, par Dom Martin. *Paris,*
1739, in-4, cartonné, n. rog.

72. Histoire de la Révélation biblique, par le docteur Honneberg. *Paris, Vaton,* 1856, 2 vol. in-8,
d. v. fauve.

73. Etudes sur le christianisme, par Aug. Nicolas.
Paris, Vaton, 1851, 4 vol. in-12, d.-rel.

74. Michel Nicolas. Etudes sur la Bible. *Paris,*
1862, 2 vol. — Etudes sur les Evangiles apocryphes. 1866. — Doctrines religieuses des Juifs.
1860. — Ensemble 4 vol. in-8, d.-rel. v. f.

75. De M. Ernest Renan : Etudes d'histoire religieuse. *Paris,* 1858. —Le Livre de Job, traduit de
l'hébreu. 1860. — Essais de morale et de critique.
1859. — De l'origine du langage. 1859. — Ensemble 4 vol. gr. in-8, d. v. bleu.

76. Essais de critique religieuse, par Albert Re-
ville. *Paris,* 1860, in-8, d.-rel.

77. Mélanges de critique religieuse, par Edmond
Schérer. *Paris, Cherbuliez,* 1860, gr. in-8, d. v.
noir.

78. Conférences de Notre-Dame, par H. Lacordaire.
Paris, 1857, 3 vol. in-12, d. v. bleu.

79. Du P. Lacordaire : La vie de saint Dominique.
— Conférences de Toulouse. — Mélanges. *Veuve
Poussielgue,* 1857. — Le P. Lacordaire, par le
comte de Montalembert. *Douniol,* 1862. — Ensemble 4 vol. in-12, d. v. bleu.

HISTOIRE ECCLÉSIASTIQUE.

80. Annalium ecclesiasticorum card. Baronii arabica epitome, labore Britii in partibus Orientis missionarii. *Romæ*, 1653-69, 3 vol. in-4, v. br.

> A la fin du premier volume se trouve une note de M. Reinaud relative à cet ouvrage.

81. Histoire ecclésiastique, par Fleury. *Nismes*, 1778, 25 vol. in-8, d.-rel.

82. Histoire universelle de l'Eglise chrétienne, par Matter. *Strasbourg*, 1829, 4 vol. in-8, d.-rel. bas.

83. Histoire de l'Eglise, par l'abbé Postel. *Adr. Le Clerc*, 1858, in-12, d. v. bleu.

84. L'abbé Freppel. Les Pères apostoliques et leur époque. *Paris*, 1859.—Les Apologistes chrétiens au 11ᵉ siècle. 1860. — Saint Irénée et l'éloquence chrétienne dans la Gaule pendant les deux premiers siècles. 1861.—Ensemble 4 vol. in-8, d.-rel. v. f.

85. Histoire de la Théologie chrétienne au siècle apostolique, par Ed. Reuss. *Strasbourg*, 1860, 2 vol. in-8, d.-rel.

86. Chronologie historique des papes et des conciles, par Louis de Mas-Latrie. *Paris*, 1836, gr. in-8, d.-rel.

87. Histoire du pape Sylvestre II et de son siècle, par Hoek, traduite de l'allemand par l'abbé Axinger. *Paris, s. d.*, in-8, d. v.

88. Histoire du pape Pie VII, par Artaud. *Paris*, 1836, 2 vol. in-8, d.-rel.

89. Vies des Pères des déserts. *Amsterdam*, 1714, 4 vol. in-12, fig. v. br. fil.

90. Vies des Pères, des Martyrs, ouvrage traduit de Butler par Godescard, avec un supplément. *Versailles, Lebel*, 1811, et *Paris, Méquignon*, 1824, 14 vol. in-8, bas.

91. Histoire de saint Jean Chrysostome, sa vie, ses œuvres, son siècle, par l'abbé Bergier, missionnaire. *Paris*, 1856, in-12, d. v. bl.

92. Histoire de saint Augustin, par M. Poujoulat. *Paris, Vaton*, 1852, 2 vol. in-12, d.-rel. — Histoire de Léon X, par Audin. 1846, in-12, d.-rel.

93. Vie de saint François de Sales, par le curé de Saint-Sulpice. *Paris*, 1855, in-12, d.-rel.

94. Histoire de Jean de Britto, missionnaire du Maduré, par le P. Prat, missionnaire. *Paris*, 1859, in-8, d. v.

95. Gallia Christiana in provincias ecclesiasticas distributa. Tomus XVI, ubi de provinciâ Viennensi agitur, condidit B. Hauréau. *Parisiis, Didot*, 1865, in-fol., *première livraison du tome seize.*

96. Histoire des principales fondations religieuses du bailliage de la Montagne en Bourgogne, par Mignard. *Paris*, 1864, in-4, br.

97. Histoire religieuse de la Bigorre, par Bascle de La Grèze. *Paris*, 1863, in-12, br.

98. Port-Royal, par Sainte-Beuve. *Paris, Hachette*, 1860, 5 vol. in-8, d.-rel. v.

99. Du Culte de saint Lazare à Autun, par l'abbé Devoucoux. *Autun*, 1856, in-8, br. — Sur S. Irénée et les gnostiques, par Schmidt. 1855, in-8, br. — Des Superstit. dangereuses, par H. Martin. 1863, in-8, br. Ensemble 20 br.

100. Histoire de différents cultes, superstitions et pratiques mystérieuses d'une contrée bourguignonne, par Mignard. *Dijon*, 1851, in-4, br. fig.

101. The Truth of the english church, by Pusey. *Oxford*, 1865, in-8, cart.

102. Early Christianity in Arabia, an historical essay, by Th. Wright. *London*, 1855; in-8, cart.

103. De Originibus et fatis Ecclesiæ christianæ in India Orientali. *Hauniæ*, 1822, in-12, d.-rel. v.

104. Choix des lettres édifiantes écrites des missions étrangères. *Paris*, 1824, 8 vol. in-8, d.-rel.

105. Les Missions chrétiennes, par Marshall, ouvrage traduit de l'anglais, par L. de Waziers. *Paris*, 1865, 2 vol. in-8, br.

106. Histoire de l'Expédition chrestienne en Chine, entreprise par les Pères de la Compagnie de Jésus, par le P. Nic. Trigault. *Paris*, 1618, in-8, parch.

107. Le Christianisme en Chine, en Tartarie et au Thibet, par M. Huc. *Paris, Gaume*, 1857, 4 vol. in-8, d. v. bl.

PAGANISME.

108. Croyances et Légendes de l'antiquité, par Alfred Maury. *Paris, Didier*, 1863, in-8, d. v. bl.

109. Mémoire sur le culte de Mithra, par J. de Hammer. *Paris*, 1833, in-8, d.-rel.

110. Das Mithreum von Neuenheim bei Heidelberg, erlautert von Fr. Creuzer. *Heidelberg*, 1838, in-8, cart., 2 pl.

111. Nouvelles Observations sur le grand bas-relief mithriaque de la collection Borghèse, par Félix Lajard. *Paris*, 1828, in-4 br.

112. Histoire des Religions de la Grèce antique, par Alfr. Maury. *Paris, Ladrange*, 1857, 3 vol. in-8, d.-rel.

113. Dictionnaire de la Fable, par Noël. *Paris*, 1823, 2 vol. in-8, bas.

114. Galerie mythologique, par Millin. *Paris*, 1811; 2 vol. in-8, cartonnés à la Bradel. 182 planches, plus les doubles.

115. Recherches sur le culte de Vénus, par Lajard. *Paris*, 1848, in-fol.

116. Histoire de la destruction du paganisme dans l'empire d'Orient, par Et. Chastel. *Paris*, *Cherbuliez*, 1850, gr. in-8, d.-rel.

117. Les Fées au moyen âge; recherches sur leur histoire et leurs attributs, par Alf. Maury. *Paris*, 1843, in-12, d.-rel.

RELIGIONS DES PEUPLES ORIENTAUX.

118. De Initiis et originibus religionum in Oriente dispersarum, quæ differunt a religione christiana, edidit Berstein. *Berolini*, 1817, in-4, cart.

119. Les Religions et les Philosophies dans l'Asie centrale, par le comte de Gobineau. *Paris*, *Didier*, 1865, in-8, br.

120. La Porte ouverte pour parvenir à la connaissance du Paganisme caché, ou représentation de la vie et des mœurs des Bramines, par Abraham Roger. *Amsterdam*, 1670, in-4, d.-rel., fig.

121. Loiseleur Deslonchamps. Essai sur les Fables indiennes. *Paris*, 1838. — A. Dubois. Exposé de la Théogonie des Brahmes, 1825; 2 ouvrages en 1 vol. in-8, d.-rel.

122. Burnouf. Introduction à l'histoire du Buddhisme indien. *Paris*, *Impr. roy.*, 1844, in-4, r.
Tome Ier, le seul publié.

122 *bis*. A Manuel of Budhism in its modern development, translated from singhalese mss., by Spence Hardy. *London*, 1853, in-8, perc.

123. De l'Etat présent des études sur le bouddhisme, par Neve (extrait de la Revue de Flandre). *Gand*, 1846, d. v. fauve.

124. The Bhilsa topes, or buddhist monuments of central Asia, by Alex. Cunningham. *London*, 1854, in-8, cart., 33 pl.

125. Le Bouddha et sa religion, par Barthélemy Saint-Hilaire. *Paris*, 1860, in-8, br.

126. Le Bouddha et sa religion, par M. Barthélemy Saint-Hilaire. *Paris, Didier*, 1862, in-12, d. v. bleu.

127. Obry. Du Nirvana bouddhique, 1863, in-8, br. — Du Nirvana indien, ou l'affranchissement de l'âme après la mort, selon les bouddhistes. *Paris*, 1856, in-8, br.

128. Le Bouddhisme, ses dogmes, son histoire et sa littérature. Première partie, aperçu général, par Vassilief, traduit du russe. *Paris*, 1865, gr. in-8, broché.

129. Feer. Introduction du Bouddhisme dans le Kashmir, 1866. — La Légende de Rahu, 1865. — D'Eichthal. Origines bouddhiques, 1865. — Doctrine des Bouddhistes, 1864. — Traces du Bouddhisme en Norvége, par Holmboé. — Le Bouddha et le Bouddhisme, par Schœbel, 1857, etc.; 9 br. in-8.

130. Eastern Monachism, an account of the origin, laws, sacred writings, religious ceremonies of the order of mendicants, founded by Gotama Budha, by Spence Hardy. *London*, 1850, in-8, perc.

131. Paulinus a S. Bartholomæo. Systema brahmanicum ex monumentis indicis musei Borgiani Velitris. *Romæ*, 1791, in-4, d.-rel., 32 *planches*.

Dans le même volume : Vyacarana, seu linguæ sanscritæ Institutio. 1804.

132. Mythologie des Indous, travaillée par madame de Polier sur des manuscrits apportés de l'Inde par le colonel de Polier. *Rudolstadt*, 1809, 2 vol. in-8, cartonnés.

133. The Mythology of the Hindus, by Ch. Coleman. *London*, 1832, in-4, cart.; 40 *planches*.

134. La Vie contemplative et monastique chez les Indous, par Bochinger. *Strasbourg*, 1831, in-8, d. ch.

135. Wilson. Essays and lectures of the religion of the Hindus. *London,* 1861, 2 vol. in-8, br.

136. Christianity contrasted with Hindu philosophy, an essay in five books sanskrit and english, by James Ballantyne. *London, Madden,* 1859, in-8, cart.

137. Seldenus. De Diis Syris syntagmata II. *Amst.,* 1680, in-12, rel.

138. Researches into the religions of Syria, drawn from original sources, by John Wortabet. *London,* 1860, in-8, perc.

139. Exposé de la religion des Druses, par le baron Sylvestre de Sacy. *Paris, Impr. roy.,* 1838, 2 vol. in-8, bas.

Quelques notes de la main de M. Reinaud.

140. The Parsi religion as contained in the Zend-Avesta, refuted and contrasted with christianity, by John Wilson. *Bombay,* 1843, in-8, d. cuir de Russie.

141. Compendio storico di memorie cronologiche concernenti la religione e la morale della nazione Armena. *In Venezia,* 1786, 3 vol. in-8, rel.

142. Rituel des prières à l'usage des Israélites, traduit de l'hébreu, par Anspach. *Metz,* 1820, in-8, d. v.

143. Hadriani Relandi de religione mohammedica libri duo. *Trajecti ad Rhenum,* 1717, pet. in-8, fig., vélin.

144. Livres sacrés de l'Orient, traduits ou revus et publiés par G. Pauthier. *Paris, Didot,* 1840, gr. in-8, d.-rel.

JURISPRUDENCE.

JURISPRUDENCE EUROPÉENNE.

145. Institutes de Justinien traduites et expliquées par Du Caurroy. *Paris,* 1851, 2 vol. in-8, rel.

146. Histoire de la législation romaine, par Ortolan. *Paris,* 1848, in-8, rel.

147. Essai sur les Lois criminelles des Romains, concernant la responsabilité des magistrats, par Edouard Laboulaye. *Paris, Auguste Durand,* 1845, in-8, d.-rel.

148. Recherches sur la condition civile et politique des femmes depuis les Romains jusqu'à nos jours, par Ed. Laboulaye. *Paris,* 1843, in-8, d.-rel. (*Rare.*)

149. Us et coutumes de la mer, ou collection des usages maritimes des peuples de l'antiquité et du moyen âge, par Pardessus. *Paris, Impr. roy.,* 1847, 2 vol. in-4, bas.

150. Reliquiæ juris ecclesiastici antiquissimæ, syriace, primus editæ a P. de Lagarde; græce editæ ab eodem. *Vindobonæ,* 1856, 2 parties en 1 vol. in-8, cartonné.

Dédié à M. Reinaud.

151. Assises de Jérusalem, ou Recueil des ouvrages de jurisprudence composés pendant le xiii° siècle dans les royaumes de Jérusalem et de Chypre, publiées par le comte Beugnot. *Paris, Imp. roy.,* 1841 et 1843, 2 vol. gr. in-fol. bas.

152. Histoire du droit de propriété foncière en Occident, par Edouard Laboulaye. *Paris,* 1839, in-8, d.-rel.

153. Recueil général des Formules usitées dans l'empire des Francs du ve au xie siècle, par Eugène de Rozière. *Paris*, 1859-61, 2 vol. gr. in-8. broch.

154. Précis historique du droit français, par Jules Minier. *Paris*, 1854, in-8, d.-rel. v. f.

155. Discours, rapports et travaux inédits sur le Code civil, par Portalis. *Paris, Joubert*, 1844, in-8, d.-rel.

156. Histoire de l'administration de la Police de Paris, par Frégier. *Guillaumin*, 1850, 2 vol. in-8, d.-rel.

157. Traité complet de Diplomatie, par le comte de Garden. *Paris*, 1833, 3 vol. in-8, d.-rel.

JURISPRUDENCE ORIENTALE.

158. Précis de jurisprudence musulmane, par Khalil ibn Ishak, traduit de l'arabe par M. Perron. *Paris, Impr. nat.*, 1848-52, 6 vol. gr. in-8. bas.

159. Das moslemiche Recht aus den Quellen dargestellt von Nic. Tornauw. *Leipzig*, 1855 ; gr. in-8, d.-rel.

160. Etude sur la loi musulmane, par Vincent. *Paris, Joubert*, 1842, in-8. d. v.

161. Recherches sur la Constitution de la propriété territoriale dans les pays musulmans, par Worms. *Paris*, 1846, in-8, bas.

162. Etudes sur le droit musulman, par Joanny Pharaon. *Paris*, 1839, in-8, d.-rel.

163. Précis de jurisprudence musulmane, par Abou Chodja, traduit de l'arabe par Keijzer. 1859, in-8 br.

164. Principles of hindu and mohammedan law, published by sir W. Hay Macnaghten and edited

by H. Wilson. *Lond., Williams and Norgate*, 1860, in-8, cartonné.

165. Droit indou. Le Mitakchara et le Dattaca-Chandrica, traduits avec des notes, par G. Orianne. *Duprat*, 1845, in-8, d. v.

166. An analitical Digest of all the reparted cases decided in the supreme courts of judicature in India, by W. Morley. *London*, 1850, 2 vol; — new series, vol. 1 ; London 1852 ; — ensemble, 3 vol. gr. in-8, cartonnés.

167. Les Lois fondamentales du Code pénal de la Chine, trad. du chinois, par Staunton, et mises en français par Renouard de Sainte-Croix. *Paris*, 1812, 2 vol. in-8, rel.

168. Traité du Droit des gens, par le prince Dadian, en arménien. In-18, d. maroq. bleu.

SCIENCES ET ARTS.

SCIENCES PHILOSOPHIQUES.

169. Dictionnaire des sciences philosophiques. *Paris, Hachette*, 1844, 6 vol: in-8, rel.

170. Histoire générale de la philosophie, par Victor Cousin. *Paris*, 1863 ; in-8, d.-rel.

171. Manuel de philosophie ancienne, par Renouvier. *Paris*, 1844, 2 vol. in-12, rel.

172. De la Philosophie scolastique, par B. Hauréau. *Paris*, 1850, 2 vol. in-8, bas.

173. Aristoteles, græcè et lat., ex recensione Bekkeri. *Berolini*, 1831, 4 vol. in-4, bas.

174. Logique d'Aristote, traduite par Barthélemy Saint-Hilaire. *Paris,* 1844, 4 vol gr. in-8, rel.

175. Recherches sur l'âge et l'origine des traductions latines d'Aristote, par A. Jourdain. *Paris,* 1843, in-8, bas.

176. Dialogues métaphysiques de Platon, traduits par Schwalbé. *Paris,* 1843, in-12, d.-rel.

177. Traité de Porphyre, touchant l'abstinence de la chair des animaux, avec la Vie de Plotin, par de Burigny. *Paris, De Bure,* 1747, in-12, bas.

178. Abrégé de Porphyre, traduit du grec en arabe, avec un commentaire, par le seyd Oman. *Constantinople,* 1235 (1820), pet. in-4, mar. br., rel. orientale.

179. Les Ennéades de Plotin, traduites du grec et accompagnées de notes, par N. Bouillet. *Paris, Hachette,* 1857-61, 3 vol. in-8, d. v. bl.

180. Historia philosophiæ græco-romanæ, edidit Preller. *Hamburgi,* 1838, in-8, d.-rel. v.

181. Pensées de Marc-Aurèle, traduites par Pierron. *Charpentier,* 1843; — Politique d'Aristote, traduite par Champagne. *Lefèvre,* 1843, 2 vol. in-12, reliés.

182. Histoire de l'école d'Alexandrie, par Matter. *Paris,* 1840, 2 vol. in-8, d.-rel.

183. Histoire de l'Ecole d'Alexandrie, par J. Simon. *Paris, Joubert,* 1845, 2 vol. in-8, d.-rel.

184. Essais sur la philosophie des Hindous, traduits de l'anglais de Colebrooke, par M. Pauthier. *Paris, F. Didot,* 1833, in-8, d.-rel.

185. La Kabbale, ou la Philosophie des Hébreux, par Ad. Franck. *Paris,* 1843, in-8, d.-rel.

186. Mélanges de philosophie juive et arabe, par S. Munk. *Paris, Franck,* 1859, in-8, d. v.

187. Mani. Seine Lehre und seine Schriften, ein Beitrag zur Geschichte des Manichaïsmus, von Gustav Flügel. *Leipzig*, 1862, in-8, d. v.

188. Averroès et Averroïsme, essai historique, par E. Renan. *Paris, Lévy*, 1761, in-8, d. v. bleu.

189. Philosophie und Theologie von Averroes, hrssgg. von Müller (arab.). *München*, 1859, in-4, br.

190. Die Ssabier un der Ssabismus, von Ch. Wolsohn. *St-Petersburg*, 1858, 2 vol. in-8, d.-rel.

191. Conseils de Nabi Effendi à son fils Aboul Khair, publiés en turc, avec version et notes, par M. Pavet de Courteille. *Impr. imp.*, 1857, gr. in-8, d. v. vert.

192. Les Paroles, les bons mots et les maximes des Orientaux, par Galland. *Paris*, 1694, in-12, v. br.

193. Tableaux des progrès de la pensée, depuis Thalès jusqu'à Leibniz, par M. Nourrisson. *Didier*, 1859, in-12, br.

194. La Philosophie de saint Thomas d'Aquin, par Ch. Jourdain. *Hachette*, 1858, 2 vol. in-8, d. v. fauve.

195. Essais de Montaigne, publiés par Amaury-Duval. *Paris, Rapilly*, 1826, 6 vol. in-8, d.-rel.

196. Précurseurs et disciples de Descartes, par Emile Saisset. *Paris, Didier*, 1862, in-12, d. v.

197. OEuvres de Descartes, 1842.—Maine de Biran, par Naville, 1857. — OEuvres philosophiques de Clarke, 1843, etc.; 5 vol. in-12, d.-rel.

198. Maximes de La Rochefoucauld. *Paris, Didot*, 1815, in-8, d.-rel.

199. Les Caractères de La Bruyère. *Paris*, 1826, 2 vol. in-8, v. ant. fil.

200. Nicole. OEuvres philosophiques et morales, 1845. — Jos. de Maistre, du Pape, 1841. — Wi-

semann. Rapports entre la religion révélée et la science, 1842, etc.; 5 vol. in-12, d.-rel.

201. Bacon et son temps, par Ch. de Rémusat. *Didier*, 1858, in-12, d. v.

202. OEuvres de Spinoza, traduites par Emile Sais set. *Paris,* 1842, 2 vol. rel.

203. OEuvres de Leibnitz, édition publiée par A. Jacques. *Paris,* 1846. — OEuvres de Malebranche, publiées par J. Simon, 1842. — Et autres; 6 vol. in-12, d.-rel.

204. Mémoires pour servir à l'histoire de la philosophie au xviiie siècle, par Damiron. *Paris, Ladrange,* 1858, 2 vol. in-8, d.-rel.

205. De l'Usage et de l'abus de l'esprit philosophique durant le xviiie siècle, par Portalis. *Paris,* 1820, 2 vol. in-8, rel.

206. Flourens. Fontenelle, ou de la Philosophie moderne. *Paris,* 1847. — Examen de la phrénologie, 1851. — De l'Instinct et de l'intelligence des animaux, 1851; — 3 parties en 1 vol. in-12, d.-rel.

207. Euler. Lettres à une princesse d'Allemagne, sur divers sujets de physique et de philosophie, édition publiée par Em. Saisset. *Paris,* 1843, in-12, d.-rel. — Herschell. Discours sur l'étude de la philosophie naturelle. *Paris,* 1834, in-12, d.-rel.

208. Les Philosophes du xixe siècle, par H. Taine. *Hachette,* 1860, in-12, d. v. rouge.

209. Manuel de philosophie, par Am. Jacques, J. Simon et Emile Saisset. *Hachette,* 1857, in-8, d.-rel.

210. Pensées, essais et correspondance de J. Joubert, recueillis et mis en ordre par Paul Raynal. *Paris, Didier,* 1861, 2 vol. in-8, d.-rel.

211. Des Compensations dans les destinées humaines, par Azaïs. *Paris, Didot,* 1846, in-12, rel.

212. Fragments philosophiques, par Victor Cousin. *Paris, Didier*, 1865, 2 vol. in-8, br.

Philosophie ancienne et philosophie du moyen âge.

213. Jules Simon. — Le Devoir; — Liberté de conscience; — Religion naturelle. *Paris, Hachette*, 1856, 3 vol. in-12, d.-rel. mar.

214. De la Vie et de l'intelligence, de la longévité humaine, ontologie naturelle, par M. Flourens. *Paris*, 1856-61, 3 vol. in-12, br.

215. Histoire des doctrines religieuses de la philosophie moderne, par Christian Bartholmess. *Paris*, 1855, 2 vol. in-8, d. v. — Sa vie et ses travaux, par Matter. 1856, brochure in-8.

216. Le Génie des religions, par Quinet. *Chamerot*, 1851, in-12, d.-rel.

217. Histoire de la philosophie dans ses rapports avec la religion, par Matter. *Paris*, 1854, in-12, d. ch.

218. Histoire et philosophie religieuse, par Saint-René-Taillandier. *Paris*, 1859, in.12, d. v.

219. Essais de philosophie religieuse, par Emile Saisset. *Paris*, 1862, 2 vol. in-12, d. v.

220. L'Idée de Dieu et ses nouveaux critiques, par E. Caro. *Hachette*, 1864, in-12, d. v. ant.

221. Dieu et son homonyme, par Ad. Saisset. *Paris*, 1867, in-8, br.

222. Channing. Traités religieux; — OEuvres sociales, avec une introduction, par Ed. Laboulaye. *Paris*, 1854-57, 2 vol. in-12, d. maroq. v.

223. Idées sur la philosophie de l'histoire de l'humanité, par Herder, traduit de l'allemand par Edgar Quinet. *Paris, Levrault*, 1834, 3 vol. in-8, d.-rel.

224. Popular Treatise on science, written during the middle ages, in anglo-saxon, edited from the original, by Wright. *London*, 1841, in-8, cart.

225. Histoire de l'Economie politique, par Ville-neuve-Bargemont. *Paris*, 1841, 2 vol. in-8, d.-rel.

226. Eléments de l'Economie politique, par Joseph Garnier. *Paris*, 1856, — Eléments de statistique, par Moreau de Jonnès, 1856; 2 vol. in-12, d.-rel.

227. De la Bienfaisance publique, par le baron de Gérando. *Paris, Renouard*, 1839, 4 vol. in-8, d.-rel.

228. Histoire du commerce de toutes les nations, par Schérer, et traduite de l'allemand par Riche-lot et Vogel. *Paris, Capelle*, 1857, 2 vol. in-8, d. v.

229. Dictionnaire universel du commerce et de la navigation. *Paris, Guillaumin*, 1863, 2 vol. très-gr. in-8, d. ch.

230. Histoire de la soie, par Ern. Pariset, temps antérieurs au VIIe siècle de l'ère chrétienne. *Paris, Durand*, 1862; 2 vol. in-8, br.

231. Encyclopédie domestique. *Paris, Salmon*, 1830, 4 vol. in-8, et atlas in-4 oblong. d.-rel.

232. De l'Economie publique et rurale des Arabes et des Juifs, des Perses et des Phéniciens, par Reynier. *Genève*, 1820, 2 vol. in-8, d.-rel.

SCIENCES PHYSIQUES ET CHIMIQUES.

233. Exposition et histoire des principales décou-vertes scientifiques modernes, par Figuier. *Paris, Masson*, 1858, 4 vol. in-12, d.-rel.

234. Les Phénomènes de la nature, leurs lois, etc., d'après le docteur Zimmermann, par Valérius. *Paris*, 1858; 2 vol. in-8, d.-rel. fig.

235. Eléments de physique expérimentale et de météorologie, par Pouillet. *Paris, Hachette*, 1856, 2 vol. in-8, d.-rel., et atlas de 49 planches.

236. La Foudre, l'électricité et le magnétisme chez les anciens, par Henri Martin. *Didier*, 1866, in-12, br.

237. Précis de chimie, par Payen. *Hachette,* 1855, 1076 pages de texte et 39 planches, 2 vol. in-8, reliés.

SCIENCES NATURELLES.

238. Histoire des sciences naturelles, professée au Collége de France, par Georges Cuvier. *Paris, Fortin et Masson*, 1841-45, 5 vol. in-8, d.-rel.

239. Plinii Historia naturalis. *Parisiis*, *Barbou*, 1779, 6 vol. in-12, v. fil. t. dor.

240. Histoire naturelle de Buffon, publiée par Bernard. *Paris*, 1800, 10 vol. gr. in-8, bas. fig.

241. Supplément à l'Histoire naturelle de Buffon, mammifères et oiseaux, par Cuvier. *Paris, Pillot*, 1831, 2 vol. in-8, d.-rel. fig.

242. Dictionnaire d'histoire naturelle, par Valmont de Bomare. *Lyon*, 1800, 15 vol. in-8, rel.

243. Dictionnaire populaire d'histoire naturelle et des phénomènes de la nature, par Pizzetta. *Paris, Martinon, s. d.*, gr. in-8, cartonné, fig.

244. Tableaux de la nature, par de Humboldt, trad. par Galuski. *Paris, Gide*, 1851, 2 vol. in-12, d.-rel.

245. The Natural History of Aleppo, by Russel. *London,* 1794, 2 vol. gr. in-4, v. f. fig.

246. Cours élémentaire d'histoire naturelle; — Minéralogie, par Beudant, 1854; — Botanique, par Adrien de Jussieu, 1855; — Zoologie, par Milne Edwards, 1852; — 3 vol. in-12, d.-rel. mar. *figures.*

247. Discours sur les révolutions du globe, par Cuvier. *Paris*, 1848, in-12, d.-rel.

248. La Terre avant le déluge, par Louis Figuier. *Paris*, 1864, gr. in-8, rel. tr. dor. fig.

249. La Terre et l'Homme, par Alfred Maury. *Paris*, 1857, in-12, d.-rel.

250. HUMBOLDT. Asie centrale : Recherches sur les chaînes de montagnes et la climatologie comparée. *Paris, Gide*, 1843, 3 vol. in-8, d.-rel.

251. Essai sur les anciennes institutions des Alpes Cottiennes-Briançonnaises, par Fauché-Prunelle. *Grenoble*, 1856, 2 vol. gr. in-8, d. v. fauve.

252. Minéralogie appliquée aux arts, par Brard. *Paris, Levrault*, 1821, 3 vol. in-8, d.-rel.

253. Histoire des plantes de l'Europe, par Poiret. *Paris, Ladrange et Verdière*, 1825-29, 8 vol. in-8, bas. 127 *planches coloriées.* — Leçons de flore, par le même, 1823, in-8, d.-rel.

254. La Rose, son histoire, sa culture, sa poésie, par Loiseleur-Deslongchamps. *Paris*, 1844, in-12, d.-rel.

255. Recherches sur l'agriculture et l'horticulture des Chinois, par d'Hervey de Saint-Dinys. *Paris*, 1850, in-8, rel.

256. Précis d'agriculture, par Payen et Richard. *Paris, Hachette*, 1851, 2 vol. in-8, fig. bas.

257. Eléments de botanique médicale, par Moquin-Tandon. *Paris, Baillière*, 1861, in-12, d.-rel. v. fig.

258. Le Règne animal, par le baron Cuvier. *Paris*, 1829, 5 vol. in-8, d.-rel.

259. Structure et physiologie animales, par Ach. Comte. *Paris, Masson*, 1853, in-12, rel. fig.

260. Le Jardin des plantes, description et mœurs des mammifères, par Boitard. *Paris*, 1845, gr. in-8, d.-rel.

261. The Races of man and their geographical distribution, by Ch. Pickering. *London, Bohn*, 1850, in-12, cartonné, fig.

262. The Natural History of man, by C. Prichard, fourth edition enlarged by Edwin Norris. *London, H. Baillière*, 1855, 2 vol. gr. in-8, cartonnés. — 62 planches gravées et coloriées et 100 gravures sur bois.

263. Histoire naturelle de l'homme, par C. Prichard, trad. de l'anglais par le docteur Roulin. *Paris, J.-Bapt. Baillière*, 1843, 2 vol. in-8, d. v. bleu. 40 pl. gravées et coloriées et 90 fig. en bois intercalées dans le texte.

264. Les Chevaux du Sahara, par le général Daumas. *Paris*, 1853, gr. in-8, d. v. fauve.

265. Das Kamel, von Dr Hammer Purgstall. *Wien*, 1856, gr. in-4, br.

266. Le Monde maritime, par Walckenaer. *Paris, Nepveu*, 1819, 2 tomes en 1 vol. in-8, d. v. ant. *avec figures en couleur.*

SCIENCES MÉDICALES.

267. Histoire de la médecine, par le Dr Renouard. *Paris, Baillière*, 1846, 2 vol. in-8, d.-rel.

268. Essai d'une histoire pragmatique de la médecine, par Kurt Sprengel. *Paris*, 1809, 2 vol. in-8, d.-rel.

269. Dictionnaire de médecine usuelle, à l'usage des gens du monde, par le Dr Beaude. *Paris, Didier*, 1849, 2 vol. gr. in-8, d. ch.

270. OEuvres choisies d'Hippocrate, traduites par le Dr Daremberg. *Paris, Labé*, 1855, in-8, d.-rel.

271. OEuvres physiologiques et médicales de Galien, traduites par Ch. Daremberg. *Paris, Baillière*, 1854, 2 vol. in-8, d.-rel. v.

272. Dioscoridis opera gr. et lat., edid. Kuhn. *Lipsiæ*, 1829, 2 vol. in-8, bas.

273. Chirurgie de Paul d'Egine, texte grec, avec trad. fr. en regard, par René Briau. *Paris*, 1855, in-8, d.-rel.

274. Les OEuvres d'Avicenne, en arabe. *Rome*, 1593, in-fol. v. m.

> Texte arabe, imprimé avec les petits caractères de l'imprimerie des Médicis. Voyez Bibliothèque de Sacy, tome II; page 6.
> Les opuscules sont ici placés entre les parties I-III et IV-V.

275. Ferd. Wuestenfeld. Geschichte der arabischen Ærzte, *Goett.*, 1840. — Die Academien der Araber, 1837. — Sprenger. Origines medicæ arabicæ. *Lugd. Batav.*, 1840. — 3 ouvr. en 1 vol. in-8, d.-rel.

276. Médecine et hygiène des Arabes, par Bertheraud. *Paris, Baillière*, 1855, in-8, d.-rel. v.

277. Système physique et moral de la femme, par Roussel, publié par le Dr Cerise. *Paris*, 1845, in-12, rel.

278. Le Sommeil et les rêves, études sur ces phénomènes, par Alfred Maury. *Paris, Didier*, 1861, in-8, d. v. bleu.

279. Traditions tératologiques, par Berger de Xivrey. *Paris*, 1836, in-8, d.-rel.

SCIENCES MATHÉMATIQUES.

280. Histoire des mathématiques, par Montucla. *Paris*, 1799, 2 vol. in-4, v. rac.

281. OEuvres d'Archimède, traduites, avec un commentaire, par Peyrard. *Paris*, 1807, in-4, d.-rel.

282. Les OEuvres d'Euclide, en grec, en latin et en français, trad. par Peyrard. *Paris*, 1814, 3 vol. in-4, d.-rel v. ant. n. rogn.

283. Eléments d'Euclide, en langue arabe. (*Rome*, 1594), in-fol. d.-rel.

284. Recherches sur les fragments d'Héron d'Alexandrie, ouvrage posthume de Letronne, revu et publié par M. Vincent. *Paris, Impr. nat.*, 1851, in-4, d.-rel.

285. Wœpeke et Boncompagni. Sur l'Introduction des mathématiques en Occident et la propagation des chiffres arabes. — 25 vol. et broch. in-4 et in-8.

286. Memoria sulle cifre arabiche. *Milano*, 1813. — Chasles, Histoire de l'algèbre, 1841, etc. 3 part. en 1 vol. in-4, d.-rel.

287. Exposé des signes de numération usités chez les peuples orientaux anciens et modernes, par Pihan. *Paris*, 1860, in-8, br.

288. Recherches sur l'origine des noms de nombre japhétiques et sémitiques, par Benloew. *Giessen*, 1861, in-8, br.

289. Traité élémentaire de calcul différentiel, par Lacroix. *Paris*, 1837, in-8, rel. — Traité d'arithmétique, 1836. — Eléments de géométrie, par Legendre, 1843, in-8. — Ensemble 3 vol. in-8, d.-rel.

290. Chasles. — Traité des sections coniques, 1865. — Les trois livres de Porismes d'Euclide, 1860, etc. 10 vol. et broch. in-4 et in-8.

291. Traité de géométrie supérieure, par Chasles. *Paris, Bachelier*, 1852, in-8, d.-rel. 12 pl.

292. Histoire des sciences mathématiques en Italie, par Libri. *Paris*, 1838. 4 vol. in-8, d.-rel.

293. Lettre au baron de Humboldt, sur l'invention de la boussole, par Klaproth. *Paris*, 1834. — Sur le même sujet, par M. d'Avezac, brochure in-8. — Catalogue des livres de Klaproth. *Merlin*, 1839, in-8, d.-rel.

294. Saigey. Traité de métrologie. *Paris*, 1834, in-12, d.-rel. — La Pratique des poids et mesures, 1841, in-12, d.-rel.

295. Matériaux pour servir à l'histoire comparée des sciences mathématiques chez les Grecs et les Orientaux, par Sédillot. *Paris, Didot*, 1845-49, 2 vol. in-8, rel.

296. Composition mathématique de Ptolémée, ou Astronomie ancienne, traduite du grec par Halma, avec des notes par Delambre. *Paris*, 1813-16, 2 vol. in-4, bas.

297. Commentaire de Théon sur les Tables manuelles astronomiques de Ptolémée, traduit du grec par Halma. *Paris*, 1822-25, 3 parties en 2 vol. in-4, d.-rel.

298. Histoire de l'astronomie ancienne et moderne, par Bailly. *Paris*, 1805, 2 vol. in-8, d.-rel.

299. Cours d'astronomie, par Mutel. *Paris, Aimé André*, 1843, in-8, d.-rel.

300. Astronomie populaire, par François Arago. *Paris*, 1854, 4 vol. in-8, d.-rel. v.

301. Lettres sur l'astronomie, par Albert Montemont. *Paris*, 1859, 2 vol. in-8, d. v. rouge.

302. Traité d'astronomie appliqué à la géographie, par Emm. Liais. *Paris*, 1867, gr. in-8, br.

303. Drei astronomische Instrumente mit arabischen Inschriften, von Dorn. *Saint-Pétersbourg*, 1865, gr. in-4, br.

304. Description of a planispheric astrolabe, constructed by Shah sultan Husain Safawi, king of Persia, and new preserved in the British Museum, by W. Morley. *London*, 1856, gr. in-fol., br., 21 pl.

305. Astronomie indienne, par l'abbé Guérin. *Paris, Impr. roy.*, 1847, in-8, d.-rel.

306. Mélanges sur l'astronomie indienne et chinoise, par Max Mueller, 1862; Weber, 1860, 1862; Biot, 1861. — 5 part. en 1 vol. in-4, d. v. n.

307. Arriani Ars tactica, gr. et lat., edidit Nic. Blancardus. *Amstelod.*, 1750, in-8, bas.

308. Mémoire sur la découverte en Asie de la poudre à canon, par de Paravey, 1850. — Recherches sur le feu grégeois, par L. Lalanne, 1844. — Recherches sur l'usage de la poudre à canon en Orient, par Salvador, 1850. — Comptes rendus de l'ouvrage de MM. Reinaud et Favé. — Du Feu grégeois et des feux de guerre, par Reinaud et Favé. *Paris*, 1845. — De l'Art militaire chez les Arabes au moyen âge, par M. Reinaud. *Paris*, 1848. — 7 part. en 3 vol. in-8, d.-rel.

309. Du Feu grégeois, des feux de guerre et des origines de la poudre à canon, par MM. Reinaud et Favé. *Paris, Dumaine*, 1845, in-8, br., et atlas in-4.

310. Histoire et tactique des trois armes, et plus particulièrement de l'artillerie de campagne, par Favé. *Paris, Bachelier*, 1845, in-8, d.-rel., et atlas de 48 planches in-4 obl.

311. Langlebert et Catalan. Manuel du baccalauréat ès-sciences. *Delalain,* 2 vol. in-12, cart. fig. — Lefranc, Manuel du baccalauréat ès lettres, in-12, cart.

PHILOSOPHIE OCCULTE.

312. La Magie et l'astronomie dans l'antiquité et au moyen âge, par Alfred Maury. *Paris, Didier,* 1860, in-8, d. v. bleu.

313. Hermès trismégiste, traduction complète, par L. Ménard. *Didier,* 1866, in-8, br.

314. L'Alchimie et les alchimistes, par Louis Figuier. *Paris, Hachette,* 1856, in-12, d.-rel.

315. L'Onirocrite musulman, ou la doctrine et interprétation des songes selon les Arabes, trad. par Pierre Vattier. *Paris, L. Billaine,* 1664, in-12, v.

316. Histoire pittoresque de la franc-maçonnerie et des sociétés secrètes, par Clavel. *Pagnerre*, 1844, gr. in-8, d.-rel. fig.

BEAUX-ARTS.

317. Dictionnaire de l'Académie ¦des beaux-arts. *Paris, F. Didot*, 1861-65, 4 livraisons gr. in-8, figures.

318. L. Viardot. Les Musées d'Espagne, d'Angleterre, d'Allemagne et de France. *Paris, Maison*, 1852, 4 vol. in-12, d.-rel. v.

319. OEuvres de Ennius Quirinius Visconti. *Milan*, 1818, 9 vol. in-8, bas., figures.

<small>Museum Pii Clementis, 7 vol. — Monumenti Gabini. — Musée Chiaramonti.</small>

320. Les Galeries publiques de l'Europe, par Armengaud (Rome). *Paris*, 1857, gr. in-4, mar. bl. tr. dor.

321. La Armeria real, ou collection de la galerie d'armes anciennes de Madrid. — Le texte par Ach. Jubinal, les dessins par G. Sensi. *Paris, s. d.*, 2 part. en 1 vol. in-fol. d.-rel. fig.

322. Catalogue des objets d'art qui composent la collection Debruge-Duménil, précédé d'une introduction historique, par J. Labarte. *Paris, Didron*, 1847, in-8, bas.

323. Théophile, prêtre et moine. Essai sur divers arts, publié par Ch. de l'Escalopier. *Paris*, 1843, in-4, bas.

324. Les Beaux-Arts en Europe, par Théophile Gautier. *Paris, Lévy*, 1855, 2 vol. in-12, d.-rel.—L'Art moderne, 1856, in-12, d.-rel.

325. Trattato delle simboliche rappresentanze arabiche di lanci. *Parigi*, 1845, 3 tomes en 1 vol. in-4, rel. 64 planches.

326. Histoire de l'art judaïque, par de Saulcy. *Didier*, 1858, in-8, d. v. vert.

327. Recherches sur la peinture en émail dans l'antiquité et au moyen âge, par Jules Labarte. *Paris*, 1856, in-4, br. 8 *planches en couleur.*

328. Musée religieux, ou choix des plus beaux tableaux inspirés par l'histoire sainte, gravés par Réveil. *Paris*, 1836, 4 vol. in-12, d. v. n. r. *fig. au trait.*

329. François Ier chez Mme de Boizy. Notice d'un recueil de crayons, ou portraits aux crayons de couleur, enrichi par François Ier de vers et de devises inédites; par Rouard. *Paris*, 1863, in-4, br. 12 planches.

330. Description des estampes exposées dans la galerie de la Bibliothèque impériale, par Duchesne aîné. *Paris,* 1855, in-8, d.-rel.

331. Catalogue raisonné des camées et pierres gravées de la Bibliothèque impériale, par Chabouillet. *Paris, Claye,* 1858, in-12, br.

332. Album du Grand Journal, 300 dessins, in-fol., cartonné.

333. Histoire de l'art monumental dans l'antiquité et au moyen âge, par Batissier. *Paris, Furne,* 1845, gr. in-8, bas.

334. L'Architecture au siècle de Pisistrate, par M. Beulé. *Paris,* 1860, gr. in-8, br. et un cahier in-fol. de planches.

335. Manuel de l'histoire générale de l'architecture, et particulièrement de l'histoire de l'architecture en France au moyen âge, par D. Ramée. *Paulin,* 1843, 2 vol. in-12, d.-rel.

336. Divers Manuels de la collection de Roret. Manuels d'architecture, de peinture; manuels du bijoutier, du menuisier, du cultivateur, etc. 17 vol. in-18, bas. ou d.-rel.

337. Les Eglises de la Terre-Sainte, par le comte Melchior de Vogué. *Paris, Didron,* 1860, in-4, d.-rel., fig.

338. Le Temple de Jérusalem, monographie du Haram-Ech-Cherif, suivie d'un essai sur la topographie de la Ville-Sainte, par le comte Melchior de Vogué. *Paris, Baudry,* 1864, in-fol., d. v. fauve, 37 planches.

339. Notice sur la chapelle Saint-Louis, bâtie par Louis-Philippe sur les ruines de l'ancienne Carthage, près de Tunis. *Paris,* 1841, in-4, d.-rel., 8 planches.

340. Le Palais impérial de Constantinople et ses abords, Sainte-Sophie, le Forum Augusteon et l'hippodrome, tels qu'ils existaient au xe siècle, par Jules Labarte. *Paris,* 1861, in-4, br.

341. Essai sur l'architecture des Arabes et des Maures, en Espagne, en Sicile et en Barbarie, par Girault de Prangey. *Paris, Avenarius,* 1841, in-4, cartonné, 28 planches.

342. Mosquée de Cordoue. Vues générales, intérieurs et détails dessinés sur les lieux en 1833, par Girault de Prangey. Gr. in-fol. d.-rel. fig. lithogr.

343. Plans, elevations and details of the Alhambra, by J. Goury and Owen Jones, vol. I. *London,* 1842, gr. in-fol. d.-rel.

344 La Musique mise à la portée de tout le monde, par Fétis, 1836, in-12, d.-rel. — Traité élémentaire de musique, par Quicherat. 1833, in-12, d.-rel.

345. Les Cartes à jouer, par Paul Boiteau. *Hachette,* 1854, in-12, br., fig. sur bois.

346. Le Chasseur rustique, par d'Houdetot, *Paris,* 1852, in—12, d.-rel. fig. — Le Turf, par Chapus, 1853, in-12, d.-rel.

LINGUISTIQUE ET LITTÉRATURE.

—

ORIGINE DES LANGUES. — ALPHABETS. — GRAMMAIRES
COMPARÉES.

347. Traité de la formation méchanique des langues
(par de Brosses). *Paris, an IX,* ₂ vol. in-12, rel.

348. Histoire naturelle de la parole, ou Grammaire
universelle, par Court de Gébelin. *Paris,* 1816,
in-8, rel.

349. Essai sur l'origine unique et hiéroglyphique
des chiffres et des lettres de tous les peuples, par
de Paravey. *Paris,* 1826, in-8, d.-rel.

350. Alphabeta varia. *Romæ,* pet. in-8, rel.
> Recueil d'environ trente alphabets orientaux imprimés par la Propagande.

351. The one primæval Language, by Forster. *London,* 1851, in-8, cart.

352. A Harmony of primævals alphabets, by Forster.
Tableau in-8, cartonné.

353. Gesammelte sprachwissenschaftliche Schriften,
von Rudolf von Raumer. *Francfurt am M.,* 1863,
in-8, br.

354. Benloew. De quelques caractères du langage
primitif, 1863 ; — Précis d'une théorie des
rhythmes, 1863 ; — Aperçu général de la science
comparative des langues , 1858 ; — 3 part.
in-8, br.

355. Lectures on the science of language, by Max
Müller. *London, Longman,* 1862-64, ₂ vol. gr.
in-8, cart. en percaline.

356. La Science du langage, par Max Müller, trad.
de l'anglais par G. Harris. *Paris,* 1864, in-8, br.

357. Le Langage, son histoire, ses lois, par le comte d'Escayrac de Lauture. *Paris*, 1865, in-4, br.

358. Atlas ethnographique du globe, ou classification des peuples d'après leurs langues, par Adrien Balbi. *Paris*, 1826, in-fol. cartonné.

359. Léon de Rosny. Les Ecritures figuratives et hiéroglyphiques des différents peuples anciens et modernes. *Paris*, 1860, in-4, br.; — Recherches sur l'écriture des différents peuples. 1857, 5 livraisons, in-4, br.

360. Parallèle des langues de l'Europe et de l'Inde, ou étude des langues romanes, slavonnes et celtiques, comparées entre elles et la langue sanscrite, par Eichhoff. *Paris, Imp. royale*, 1836, in-4, d.-rel.

361. Vergleichende Grammatik des Sanskrit, Send, Armenischen, Griechischen, Lateinischen, Gothischen und Deutschen, von Bopp. *Berlin*, 1857-1863, 4 parties en 3 vol. in-8, d.-rel.

362. Compendium der vergleichenden Grammatik der Indogermanischen Sprachen, von Schleicher. *Weimar*, 1866, gr. in-8, br.

363. Grammaire comparée des langues indo-européennes, par Bopp, traduite par Michel Bréal. *Paris, Impr. imp.*, 1866, gr. in-8, br.

364. Les Origines indo-européennes, ou les Aryas primitifs, essai de Paléontologie linguistique, par Adolphe Pictet. *Paris, Cherbuliez*, 1859-63, 2 vol. très-gr. in-8, d. v. fauve.

365. Lexiologie indo-européenne, ou essai sur la science des mots sanscrits, grecs, latins, français, russes, allemands, anglais, etc., par Chavée. *Paris, Franck*, 1849, gr. in-8, d. v. bleu.

366. Notions de grammaire comparée, par Egger. *Paris*, 1854, in-12, d.-rel.

367. Les Langues de l'Europe moderne, par Schleicher, trad. de l'all. par Ewerbeck. *Ladrange*, 1852, in-8, d.-rel.

368. Opuscula quæ Augustus G. Schlegel latine scripta reliquit, collegit Ed. Bœcking. *Lips.*, 1848, in-12, d.-rel.

369. Gesammelte Abhandlungen von Paul de Lagarde. *Leipsig*, 1866, in-8, br.

370. Projet de langue universelle, par Sotos Ochando. *Lecoffre*, 1855, in-8, d. maroq. r.

LANGUES EUROPÉENNES.

LANGUE ET LITTÉRATURE GRECQUE ANCIENNE ET MODERNE.

371. Grammaire grecque, et dictionnaire étymologique des mots français qui viennent du grec ancien, par Marcella. *Paris*, 1841, 2 part. en 1 vol. in-8, bas.

372. Méthodes pour étudier la langue grecque et la langue latine, par Burnouf. *Paris*, 1829-41, 2 vol. in-8. d.-rel.

373. Traité de la formation des mots dans la langue grecque, avec des notions comparatives sur la dérivation en sanscrit, en latin et dans les idiomes germaniques, par Ad. Régnier. *Hachette*, 1855, in-8, d. v.

374. Synonymes grecs, par Alex. Pillon. *Paris, Nyon*, 1847, in-8, bas.

375. Suidæ Lexicon græce et latine, edidit Bernhardy. *Halis*, 1853, 2 vol. in-4, d.-rel. c. de R.

376. J. Scapulæ Lexicon græco-latinum. *Londini, Priestley*, 1820, gr. in-4, d. cuir de Russie.

377. Dictionnaire grec-français, par Planche. *Paris*, 1838, gr. in-8, rel.

378. Nouveau Dictionnaire français-grec, par Oza-neaux. *Paris, Hachette*, 1849, gr. in-8, rel.

379. Dictionnaire grec-français, par C. Alexandre. *Paris, Hachette*, 1852, gr. in-8, cart. en toile.

380. Cours de littérature grecque, par Planche. *Paris*, 1827, 7 vol. in-8, d.-rel.

381. Essai sur l'histoire de la critique chez les Grecs, par Egger. *Paris,* 1849, in-8, d.-rel.

382. Apollonius Dyscole. Essai sur l'histoire des théories grammaticales dans l'antiquité, par Egger. *Paris, Durand,* 1854, in-8, d.-rel.

383. Mémoires de littérature ancienne, par Emile Egger. *Paris,* 1862, 2 vol. in-8, d.-rel. v.

384. De auctorum græcorum versionibus et com-mentariis syriacis, arabicis, armeniacis persicis-que Commentatio, scripsit J.-G. Wensich. *Lips.,* 1842, in-8, bas.

385. De la collection des classiques grecs publiés par MM. F. Didot : Appien, Aristophane, Arrien, Diodore de Sicile, Fragments des historiens grecs, Hérodote, Hésiode, Homère, Lucien, Philostrate, Morales de Plutarque, Polybe, Théophraste, Thucydide et Xénophon. Ensemble 20 vol. gr. in-8, bas.

386. Chefs-d'œuvre de Démosthène et d'Eschine, traduits par Stiévenart. *Paris, Lefèvre,* 1843. — Orateurs et Sophistes grecs. *Lefèvre,* 1842, 2 vol. in-12, d.-rel.

387. Le Discours d'Isocrate sur lui-même, trad. en français par Aug. Cartelier, publié par Ern. Havet. *Paris,* 1852, in-8, d.-rel.

388. Imperatorum Basilii, Constantini et Leonis Prochiron, gr. et lat. notis et indicibus instruxit Zachariæ. *Heidelbergæ,* 1837, in-8, d. v. fauve.

389. Anthologie grecque, trad. par Dehèque. *Paris,
Hachette*, 1863, 2 vol. in-12, d.-rel. v.

390. Homère, traduit par le prince Lebrun. *Paris,
Bossange*, 1822, 4 vol. in-12, d. v.

391. Homère, traduit par Bignan. *Paris*, 1852,
2 vol. in-12, d.-rel. v.

392. OEuvres de Pindare, trad. par Sommer. *Paris,
Hachette*, 1848, in-8, d.-rel.

393. Petits Poëmes grecs, traduits par Belin de
Ballu et autres. *Lefèvre*, 1841, in-12, d. ch. vert.

394. La Cassandre de Lycophron, éditée, traduite,
annotée par Dehèque. *Paris*, 1833, gr. in-8,
d.-rel.

395. Man. Philæ carmina, gr. nunc primum edidit
Miller. *Parisiis, Typogr. imper.*, 1855, 2 vol. gr.
in-8, d. v. fauve.

396. Eschyle, trad. par Pierron. *Charpentier*, 1841 ;
— Sophocle, trad. par Artaud. *Lefèvre*, 1841 ; —
Euripide, trad. par Artaud, 1842, 2 vol.; — Aristophane, par le même. *Lefèvre*, 1841. — Ensemble,
5 vol. in-12, d.-rel.

397. Etudes sur les tragiques grecs, par Patin. *Paris,
Hachette*, 1841, 3 vol. in-8, d.-rel.

398. Romans grecs, traduits par Amyot, etc. *Lefèvre*,
1841, in-12, d.-rel.

399. Les Pastorales de Longus, ou Daphnis et Chloé,
traduction de J. Amyot, complétée par Courier.
Paris, 1821, in-8, pap. vélin, d.-rel.

400. OEuvres de Lucien, traduites du grec, par E.
Talbot. *Hachette*, 1857, 2 vol. in-12, d.-rel.

401. Mythologie dramatique de Lucien, traduite par
Gail, avec le texte grec et la version latine. *Paris*,
1798, in-4, d.-rel.

402. OEuvres complètes de Plutarque. OEuvres morales, trad. par Ricard. — Hommes illustres, trad.

par Pierron. — *Paris*, 1844-58, 9 vol. gr. in-18, d. ch. vert.

403. OEuvres de l'empereur Julien, traduites du grec, avec des notes, par Eug. Talbot. *Paris, Plon,* 1863, in-8, fig. d. v. bleu.

404. Photii Bibliotheca, gr.-lat. *Rothomagi*, 1653, in-fol., rel.

405. Études de philologie et de critique, par Ouvaroff. *Paris, F. Didot,* 1844, in-8, d. v.

406. Grammaire·élémentaire du grec moderne, par Schinas. *Paris,* 1829, in-8, d.-rel.

407. Études sur la littérature grecque moderne. Imitations en grec de nos romans de chevalerie, ouvrage couronné en 1864, par Ch. Gidel. *Impr. impér.,* 1866, gr. in-8, br.

LANGUE ET LITTÉRATURE LATINES.

408. Prisciani grammatici Opera, notas et indices adjecit Aug. Krehl. *Lips.,* 1819, 2 vol. in-8, bas.

409. Théorie de l'accentuation latine, suivie d'un examen des vues de Bopp sur l'hist. de l'accent, par Henri Weil et Louis Benlœw. *Paris, A. Durand,* 1855, in-8, d. v.

410. Totius latinitatis Lexicon, curâ Jacobi Facciolati, operâ et studio Ægidii Forcellini. *Lips.,* 1839, 4 vol. in-fol., bas.

411. Noel. Dictionnaire latin-français et français-latin. *Paris,* 1820, 2 vol. in-8, rel.

412. Thesaurus poeticus linguæ latinæ, collegit Quicherat. *Paris, Hachette,* 1852, in-8, rel.

413. Dictionnaire latin-français, par Quicherat et Daveluy. *Hachette,* 1852, gr. in-8, bas.

414. Addenda lexicis latinis, collegit L. Quicherat. *Parisiis,* 1862, gr. in-8, br.

415. Glossarium mediæ et infimæ latinitatis, conditum a Carolo Dufresne domino Du Cange, cum Carpenterii supplementis et glossario gallico, digessit Henschel. *Parisiis, excudebant Firmin Didot fratres*, 1840-50, 7 vol. in-4, cartonnés.

416. Martiani Capellæ de nuptiis Philologiæ et Mercurii libri novem, cum notis edidit Kopp. *Francf. ad Mœnum*, 1836, gr. in-4, br.

417. Egger. Latini sermonis reliquiæ selectæ. *Paris*, 1843, in-8, rel.

418. Collection des classiques latins, avec la traduction française, publiée par M. Nisard, 27 vol. gr. in-8, de diverses reliures.

> Agronomes latins, Ammien Marcellin, Cicéron, Celse, etc.; Cornélius Nepos, etc. Histoire Auguste, Horace, etc.; Lucain, etc.; Lucrèce et Virgile, Macrobe, etc.; Ovide, Pétrone et Apulée, Pline l'Ancien, Quintilien et Pline le Jeune, Salluste et César, Stace et Martial, Sénèque, Tacite, Tertullien, Théâtre des Latins et Tite-Live.

419. Catullus, edidit Dœring. *Aug.-Taurinorum*, 1820, in-8, bas. — Propertius, *Parisiis, Lemaire*, 1832, in-8, p. vel. d. maroq. v. — Tibullus, edidit Golbéry. *Parisiis, Lemaire*, 1826, in-8, p. vélin, d. mar. v. — 3 vol.

420. Virgilii Opera, ad usum Delphini; interpr. et notis illustravit Ruæus. *Parisiis*, 1682, in-4, v. br.

421. Virgilii Opera, cum notis diversorum, edidit Burmannus. *Amst.*, 1746; 4 vol. in-4, vél.

422. P. Virgilius, perpetua adnotatione illustratus à Chr. Heyne. *Lips.*, 1803, 4 vol. in-8, v. rac. fil.

423. Virgile et Constantin le Grand, par J.-P. Rossignol. *Paris*, 1845, in-8, br.

424. Horatii Opera, ad usum Delphini, interpretatione et notis illustravit Desprez. *Parisiis, Léonard*, 1691, in-4, v. br.

425. Horatii Carmina, ad codices sæculi noni decimique exacta, commentario critico et exegetico illus-

trata, cum indicibus edidit F. Ritter. *Lips.*, 1856, 2 vol. in-8, d. v. bleu.

426. OEuvres complètes d'Horace, trad. par Batteux. *Paris, Dalibon*, 1823, 3 vol. in-8, rel.

427. Lucrèce, de la Nature des choses, trad. en vers par de Pongerville (texte en regard). *Paris*, 1823, 2 vol. gr. in-8, d. v. rouge.

428. OEuvres de Sidonius Apollinaris, traduites avec le texte en regard et des notes, par Grégoire et Collombet. *Lyon*, 1836, 3 vol. in-8, d. v. bleu.

429. Poésies populaires latines antérieures au xiie siècle, par Edélestand du Méril. *Paris*, 1843, in-8, rel.

430. Poésies populaires latines du moyen âge, par M. Edélestand du Méril. *Paris, Franck*, 1847, in-8, d.-rel.

431. Poésies inédites latines du moyen âge, précédées d'une histoire de la fable ésopique, par M. Edélestand du Méril. *Paris, Franck*, 1854, in-8, d. maroq. rel.

432. Théâtre de Hrotsvitha, religieuse du xe siècle, trad. en français par Magnin. *Paris*, 1845, in-8, d.-rel.

433. La Légende latine de saint Brandaines, avec une traduction inédite en prose et en poésie romane, publiée par Ach. Jubinal. *Paris*, 1836, in-8, d.-rel.

434. Leçons latines, anglaises, italiennes, allemandes, de littérature et de morale, par Noel et de La Place. *Paris*, 1823, 8 vol. d. rel.

LANGUES ROMANES.

A. *Roman.*

435. Histoire des langues romanes et de leur littérature, par Bruce White. *Paris, Treuttel*, 1841, 3 vol. in-8, d.-rel.

436. Grammaire comparée des langues de l'Europe latine, par Raynouard. *Paris, Didot,* 1821, in-8, rel.

437. Éléments de la grammaire de la langue romane avant l'an 1000, par Raynouard. *Paris, Didot,* 1816, gr. in-8, cart.

438. Lexique roman, ou dictionnaire de la langue des troubadours, par Raynouard. *Paris, Syl-vestre,* 1838, 6 vol. in-8, rel.

B. *Langue et Littérature françaises.*

439. Grammaire des grammaires, par Girault-Duvi-vier. *Paris,* 1838, 2 vol. in-8, rel.

440. Curiosités de l'étymologie française, par Ch. Nisard. *Paris,* 1863, in-12, d. v.

441. Dictionnaire étymologique des mots de la lan-gue française, dérivés de l'arabe, du persan et du turc, par Pihan. *Paris,* 1866, in-8, br.

442. Glossaire des mots français, tirés de l'arabe, du persan et du turc, par Pihan. *Paris,* 1847, in-8, d.-rel.

443. Dictionnaire de l'Académie française, sixième édition. *Paris, Firmin Didot,* 1835, 2 vol. in-4, bas.

444. Dictionnaire de la langue française, par La-veaux. *Paris,* 1820, 2 vol. in-4, bas.

445. Dictionnaire raisonné des difficultés de la lan-gue française, par Laveaux. *Hachette,* 1847, in-8, d.-rel.

446. Origine et formation de la langue française, par A. de Chevallet. *Paris, Dumoulin,* 1858, 3 vol. gr. in-8, d. v. bleu.

447. La Précellence du langage françois, par Henri Estienne; édition accompagnée d'une étude sur

l'auteur et de notes, par Léon Feugère. *Paris, Delalain,* 1850, in-12, d.-rel.

448. Récréations philologiques, ou notes pour servir à l'histoire des mots de la langue française, par Génin. *Paris,* 1858, 2 vol. in-12, br.

449. Grammaire provençale, par Hugues Faidit, publ. par Guessard. *Paris,* 1858, in-8, br.

450. Dictionnaire provençal-français, précédé d'une grammaire provençale. *Marseille,* 1823, in-8, d. v. bleu.

451. Livre des Orateurs, par Timon (M. de Cormenin). *Paris, Pagnerre,* 1842, gr. in-8, pap. vélin, *portraits,* v. vert, fil.

. 452. Eloges historiques, par Cuvier, précédés de son éloge, par M. Flourens. *Paris, Ducrocq, s. d.,* in-8, d. v. bleu, *portrait.*

453. Choix d'éloges couronnés par l'Académie française. *Paris,* 1812, 2 vol. in-8, d.-rel.

454. La Tribune française, choix des discours les plus remarquables, depuis 1789 jusqu'en 1840. *Paris,* 1840, 2 vol. gr. in-8, portraits, d.-rel.

455. Leçons et modèles d'éloquence judiciaire, par M. Berryer. *Paris,* 1838, très-grand in-8, d.-rel.

456. Les Poëtes français. Recueil des chefs-d'œuvre de la poésie française depuis les origines jusqu'à nos jours, publ. par Eug. Crépet. *Paris, Gide,* 1861, 4 vol. in-8, d.-rel., v. bl.

457. La Poésie des troubadours, par Fréd. Diez. Etudes trad. de l'allemand par Ferd. de Roisin. *Paris* et *Lille,* 1845, in-8, d. v.

458. Le Romancero français. Histoire de quelques anciens trouvères et choix de leurs chansons, par Paulin Paris. *Paris, Techener,* 1833, gr. in-12, d.-rel., papier de Hollande.

459. Les Poëtes français depuis le xii° siècle jusqu'à Malherbe. *Paris, Crapelet,* 1824, 6 vol. in-
8, d.-rel. v.

460. Fabliaux et contes des xii° et xiii° siècles (publiés par Legrand d'Aussy). *Paris,* 1779, 4 vol.
in-8, d.-rel.

461. Les Epopées françaises, essai sur les origines et
l'histoire de la littérature nationale, par Léon
Gautier. *Paris, Victor Palmé,* 1865, 2 vol. in-8,
br.

462. Guillaume d'Orange, chansons de geste des xi°
et xii° siècles, publiées par Jonckbloet. *La Haye,
Nyhoff,* 1854, 2 vol. gr. in-8, d. v.

463. Histoire poétique de Charlemagne, par Gaston
Paris. *Paris, Franck,* 1865, in-8, br.

464. Roland, ou la Chevalerie, par Delécluse. *Paris,* 1845, 2 vol. in-8, d.-rel.

465. La Chevalerie, la Table ronde, Amadis, Roland, poëmes, par Creuzé de Lesser. *Paris,* 1839,
gr. in-8, bas.

466. La Chanson de Roland, poëme de Théroulde,
avec une traduction et des notes, par Génin. *Paris, Impr. nat.,* 1850, gr. in-8, bas.

467. Dissertation sur le roman de Roncevaux, par
N. Monin. *Paris,* 1832, in-8, d.-rel.

468. Li Romans de Berte aus grans piés, précédé
d'une dissertation sur les romans des douze pairs,
par M. Paulin Paris. *Paris, Techener,* 1832, gr.
in-12, pap. de Hollande, d.-rel.

469. Li Roman de Garin le Lohérain, publié par
M. Paulin Paris. *Paris, Techener,* 1833, 2 vol. gr.
in-12, pap. de Hollande, d.-rel.

470. La Mort de Garin le Lohérain, poëme du
xii° siècle, publié par M. Edélestand du Méril.
Paris, Franck, 1846, in-12, pap. de Hollande
d.-rel.

471. Les Anciens Poëtes de la France : Fier-à-bras, Parise la Duchesse. *Paris*, *Vieweg*, 1860, in-12, cart.

472. Le Roman en vers de Girart de Rossillon, publié pour la première fois par Mignard. *Paris*, 1858, gr. in-8, br.

473. S'ensuyt l'histoire de monseig. Girard de Roussillon, jadis duc et comte de Bourgogne et d'Acquitaine. *Lyon*, *Perrin*, 1856, in-8, br.

474. Les Anciens Poëtes de la France : Macaire, chanson de geste, publiée d'après le MS. unique de Venise, par Guessard. *Paris*, *Franck*, 1866, in-12, cart. en perc.

475. Disciplina clericalis. Discipline de Clergie. Le chastoiement d'un père à son fils. Traduction de l'ouvrage de Pierre Alphonse, publiée par l'abbé Labouderie. *Paris*, *Rignoux*, 1824, 2 parties en 1 vol. pet. in-8, papier fort, bas.

476. Le Roman des quatre fils Aymon, publié par M. Tarbé. *Reims*, 1861, in-8, d. v. fauve.

477. Le Roman de Foulque de Candie, par Herbert Leduc. *Reims*, 1860, in-8, d. v. fauve.

478. Poésies de Marie de France, publiées par de Roquefort. *Paris*, 1818, 2 vol. in-8, d.-rel.

479. Roman de la Violette ou de Gérard de Nevers, en vers, du XIIIe siècle, publié par Francisque Michel. *Paris*, *Silvestre*, 1834, gr. in-8, papier vélin, d.-rel. fig.

480. Roman de Mahomet, en vers, du XIIIe siècle, par Alexandre Du Pont, publié par MM. Reinaud et Fr. Michel. *Paris*, *Silvestre*, 1831, in-8, d.-rel.

481. Floire et Blanciflor, poëmes du XIIIe siècles, publiés par Edélestand du Méril. *Paris*, *Jannet*, 1856.—Gerart de Rossillon, chanson de geste, publiée par Francisque Michel, 1856. — Li Ro-

mans de Dolopathos. *Paris, Jannet,* 1856.— Ens. 3 vol. in-12, cart.

482. Etude sur le roman du Renart, par Jonckbloet. *Groningue,* 1863, in-8, br.

483. Le Roman de la Rose, par Guillaume de Lorris et de J. de Meung. *F. Didot,* 1864, 2 vol. in-12, d. v.

484. Poésies morales et historiques d'Eustache Deschamps, publiées par Crapelet. *Paris,* 1832, trèsgrand in-8, pap. vélin; *fac-simile,* d. v. fauve.

485. Recueil de poésies calvinistes (1550-1566), publié par Tarbé. *Reims,* 1866, in-8, br.

486. OEuvres de la Fontaine, avec des notes par Walckenaer. *Paris, Furne,* 1835, gr. in-8, d.-rel. fig.

487. OEuvres de Boileau, avec notes, par M. Daunou. *Paris,* 1821, 3 vol. in-8, bas.

488. Voltaire. — La Henriade, Contes, Siècle de Louis XIV, Théâtre choisi, Lettres choisies, etc. 10 vol. in-12, d.-rel.

489. OEuvres poétiques de Louis Racine. *Paris, Dupont,* 1825, in-8, rel.

490. Les OEuvres de Delille. *Paris, Michaud,* 1818, 18 vol. in-12, rel.

491. Messéniennes, par Casimir Delavigne. *Paris,* 1831, in-8, d.-rel.

492. OEuvres poétiques de Bignan. *Paris,* 1846, 2 vol. gr. in-8, bas.

493. Poésies de Victor Hugo. *Paris,* 1855, 2 vol. in-12, d. mar. r.

494. Sainte-Beuve, Volupté. 1855.—André Chenier, Poésies, 1847. — Alfred de Musset, Poésies. — Ensemble 3 vol. in-12, d.-rel.

495. Méry. Nouvelles Nouvelles, 1853. — Mélodies poétiques, 1858. — Napoléon en Egypte, 1829.— 3 vol. in-12, d.-rel.

496. Nouvelle Anthologie, ou choix de chansons, publiée par Castel. *Paris*, 1828, 3 vol. in-12, d.-rel.

497. Nouvelle Encyclopédie poétique, par Capelle. *Paris*, 1818, 18 vol. in-18, d.-rel.

498. Poésies de Reboul. *Delloye*, 1842.—Mireille, poëme provençal, par Mistral. *Charpentier*, 1860, 2 vol. in-12, d.-rel.

499. Chants populaires de la Bretagne, par M. de la Villemarqué. *Paris*, 1846, 2 vol. in-12, bas.

500. Recuil de pouesios prouvençalos de Gros de Marsillo. *Marseille*, 1763, in-8, rel.

501. Fablos, Contes, Epitros et autres pouesios prouvençalos. *A-z-ai*, 1829, in-8, d.-rel.

502. Théâtre français au moyen âge, publié par Monmerqué et Francisque Michel. *Paris, Delloye*, 1839, gr. in-8, d.-rel.

503. Recueil de farces, soties et moralités du xv⁰ siècle, réunies par P.-L. Jacob. *Paris*, 1859, in-12, d.-v.

504. Mystères inédits du xv⁰ siècle, par Ach. Jubinal. *Paris*, 1837, 2 vol. in-8, d.-rel.

505. Répertoire du Théâtre-Français, avec des notices, par Picard et Peyrot. *Paris*, 1826, 4 vol. gr. in-8, bas. (*Portraits.*)

506. OEuvres de Molière. *Paris, Furne*, 1851, gr. in-8, d. ch., figures d'après Vernet, Hersent et Desenne.

507. OEuvres de Racine. *Paris*, 1853, gr. in-8, fig. d.-rel.

508. Cristoon et Fresquière, ou la Queue de l'âne arrachée, comédie en vers provençaux. *Marseille*, 1830, in-8, d.-rel.

509. Choix de légendes populaires, avec des illustrations par Célestin Nanteuil et autres artistes. *Paris, Martineau*, 3 vol. gr. in-8, br.

510. Les OEuvres de Rabelais. *A la Sphère*, 1675, 2 vol. pet. in-12, rel.

511. OEuvres de Rabelais, nouvelle édition publiée par Louis Barré. *Paris, Lecou*, 1854, in-12, d.-rel. v. f.

512. Les Aventures de Télémaque en six langues. *Paris, Baudry*, 1852, gr. in-4° obl.

513. Les Martyrs, par Chateaubriand. *Paris*, 1829, 3 vol. in-8, v. ant.

514. Notre-Dame de Paris, par Victor Hugo. *Paris, Perrotin*, 1844, gr. in-8, fig. d.-rel.

515. Les Mystères de Paris, par Eugène Sue. Edition illustrée. *Paris, Gosselin*, 1843, 2 vol. gr. in-8, d.-rel., fig.

516. Colomba, et autres contes. — Mélanges, par M. Prosper Mérimée. *Paris*, 1850–55, 2 vol. in-12, d.-rel.

517. Le Magasin des Enfants, par Mme Leprince de Beaumont. *Paris, Belin et Morizot*, gr. in-8, d. v. fig.

518. Le Livre des Proverbes français, par Le Roux de Lincy. *Paris, Paulin*, 1842, 2 vol. in-12, d.-rel.

519. Arsène Houssaye. Galerie de Portraits du xviiie siècle. *Paris, Lecou*, 1854, 2 vol. in-12, d.-rel. — Histoire du 41e Fauteuil, 1858, in-12, d.-rel.

520. Essais littéraires et historiques, par W. de Schlegel. *Bonn*, 1842, in-8, cartonné.

521. Ampère. Littérature, voyages et poésies. *Paris, Didier*, 1850, 2 vol. in-12, d.-rel.—La Grèce, Rome et Dante, 1848, d.-rel.

522. Impressions de voyages, par Alex. Dumas. *Gosselin*, 1840, 2 vol. in-12, d.-rel.

523. Cuvillier-Fleury, Portraits politiques et révolutionnaires. *Paris, Lévy,* 1852. — Voyages et Voyageurs, 1854. Ensemble, 3 vol. in-12, d.-rel.

524. OEuvres de Philarète Chasles. *Paris, Amyot,* *s. d.,* 9 vol. in-12, d.-rel.

525. Essais de littérature et de morale, par Saint-Marc Girardin. *Charpentier,* 1845, 2 vol. in-12, d.-mar. vert.

526. Variétés littéraires, par de Sacy. *Paris,* 1858, 2 vol. in-8, d.-rel. v. f.

527. Mélanges d'histoire, de morale et de critique, par E. Saisset. *Paris,* 1859, in-12, d.-v.

528. Causeries du Lundi, par Sainte-Beuve. *Paris, Garnier,* 1851, 15 vol. in-12, d.-rel.

529. Lettres historiques et édifiantes, adressées aux dames de Saint-Louis, par Mme de Maintenon, publiées par Lavallée. *Paris, Charpentier,* 1856, 2 vol. in-12, d.-rel. mar.

530. Lettres de madame de Sévigné. *Paris, Lefèvre,* 1843, 6 vol. in-12, d.-rel.

531. Lettres et opuscules inédits du comte Joseph de Maistre. *Paris, Vaton,* 1851, 2 vol. in-8, d.-rel.

532. Souvenirs et Correspondance tirés des papiers de madame Récamier. *Paris,* 1859, 2 vol. in-8, d. v. fauve.

533. De la collection ou du format Charpentier. — Auteurs français et autres; complets en un volume. — 55 vol. in-12, d.-rel.

Ce lot pourra être divisé.

534. OEuvres (choisies) de Fontenelle. *Didier,* 1852, in-12, d. v. ant.

535. OEuvres complètes de Voltaire. *Paris, Jules Didot et Dufour,* 1827, 4 vol. in-8, cartonnés n. r. *Edition microscopique sur deux colonnes.*

536. Lettres de quelques Juifs à Voltaire, par l'abbé Guénée. *Versailles, Lebel,* 1817, in-8 rel.

537. OEuvres choisies de Diderot, précédées de sa vie, par Génin. *Paris, F. Didot,* 1847, 2 vol. in-12, d.-rel.

538. OEuvres complètes de J.-J. Rousseau. *Paris, Fournier,* 1826, *édition microscopique sur deux colonnes,* et en un seul volume in-8, relié en bas.

539. J.-J. Rousseau. Emile. *Paris, Charpentier,* 1848. — Les Confessions et la Nouvelle Héloïse, 1841. — Ens. 3 vol. in-12, d.-rel.

540. OEuvres complètes de Volney. *Paris, Didot,* 1838, gr. in-8, d.-rel.

541. Madame de Staël. De l'Allemagne. *Paris,* 1818, 3 vol. in-8. — Corinne, 1818, 2 vol. in-8, d.-rel.

542. OEuvres choisies de Bernardin de Saint-Pierre, *F. Didot,* 1848, 2 vol. in-12, d.-rel.

543. OEuvres de M. de Fontanes. *Paris, Hachette,* 1839, 2 vol. in-8, d.-rel.

544. Les OEuvres de Ch. Nodier. *Paris, Charpentier,* 1850, 8 vol. in-12, d.-rel.

545. Les OEuvres de Chateaubriand. *Paris, Fournier,* 1830, 19 vol. in-12, d.-rel.

546. Cousin. Cours de philosophie. *Paris,* 1855, 5 vol. in-12. — Littérature, 3 vol. in-12. — Ensemble 8 vol. in-12 d.-rel.

547. OEuvres choisies d'Ozanam. *Paris, Lecoffre,* 1859, in-12, d. v. fauve.

548. De M. Villemain : Littérature du moyen âge. — Littérature du xviiie siècle. — Etudes de littérature. — Etudes d'histoire. — Mélanges. — Eloquence chrétienne. — Souvenirs contemporains. *Paris,* 1846 à 1855, 12 vol. in-12, reliés.

549. De Lamartine : Histoire de la Restauration. — Histoire de la Turquie. — Recueillements poétiques, etc. — 25 vol. in-12 et in-18, d.-rel.

550. OEuvres de Quinet (Prométhée.—Napoléon.—
Les Esclaves). *Pagnerre,* 1857, in-12, d.-rel.

C. *Langues et Littératures italienne, espagnole
et portugaise.*

551. Dictionnaire classique ital.-franç. et franç-ital.,
par M. Morlino. *Hingray,* 1843, in-8, perc.

552. La Divina Comedia di Dante, col comento di
Costa. *Firenze,* 1846; — Le même ouvrage, trad.
par Artaud. *Didot,* 1846; — 2 vol. in-12, bas.

553. La Divine Comédie de Dante, traduite en vers
par de Mongis. *Dijon,* 1857, gr. in-8, br.

554. Le Rime di Petrarca. *Parigi, Didot,* 1847,
in-12, d. v.

555. La Jérusalem délivrée, traduite de l'italien du
Tasse, par M. Mazuy. *Paris,* 1838, in-8, d. v.
vert.

556. Roland furieux, de l'Arioste, traduit par Mazuy.
Paris, 1839, 3 vol. in-8, fig. d.-rel.

557. Contes de Boccace, traduits par Sabatier. *Paris,*
1858. — Les Fiancés, trad. de Manzoni, par
Rey-Dusseuil, 1853. — 2 vol. in-12, d.-rel.

558. Mémoires de Benvenuto Cellini, traduits par
Leclanché. *Paris, s. d.,* in-12, d.-rel.

559. Le Mie Prigioni, memorie di Silvio Pellico.
Parigi, 1833; — Le même ouvrage, traduit, 1844;
— 2 vol. in-12, d.-rel.

560. OEuvres politiques de Machiavel, avec des
notes, par M. Ch. Louandre. *Charpentier,* 1851,
in-12, d.-rel.

561. La Science nouvelle, par Vico. *Renouard,* 1844;
— L'Art de raisonner, par Condillac. *Lille,* 1800;
— 2 vol. in-12, d.-rel.

562. Opere di Vincenzo Mortillaro. *Palermo,* 1846
(vol. III), gr. in-8, cartonné, fig.

563. Diccionario francès español y español francès, por Nuñez de Taboada. *Paris*, 1840, 2 vol. in-8, rel.

564. Glossaire des mots espagnols et portugais dérivés de l'arabe, par Engelmann. *Leyde*, *Brill.*, 1861, in-8, br.

565. Etudes sur l'origine de la langue et des romances espagnoles, par Rosseuw Saint-Hilaire. *Paris,* 1838, in-4, d.-rel. bas.

566. Nichtandalusische Poesie andalusischer Dichter aus dem xi–xiii Jahrhundert, Beitrag von Kaempf. *Prag.*, 1858, in-8, br.

567. Tesoro de los romanceros y cancioneros españoles. Tesoro del parnaso español. *Paris, Baudry,* 1838, 2 vol. in-8, d. v.

568. Primavera y flor de romances, coleccion publicada con notas, por J. Wolff y Conrado Hofmann. *Berlin*, *Asher*, 1856, 2 vol. in-8, d. v.

569. Romancero général, ou recueil des Chants populaires de l'Espagne, traduction complète avec des notes, par Damas-Hinard. *Charpentier*, 1844, 2 vol. in-12, bas.

570. Poëme du Cid, texte espagnol, accompagné d'une traduction française, de notes, d'un vocabulaire et d'une introduction, par Damas-Hinard. *Paris, Imp. imp.*, 1858, in-4, br.

571. Le Comte Lucanor, fabliaux du xiv° siècle, traduits de l'espagnol de don J. Manuel, par Ad. de Puibusque. *Paris*, 1854, d. maroq.

572. El Ingenioso hidalgo don Quijote de la Mancha, compuesto por Miguel de Cervantes. *Paris, Baudry*, 1835, in-8, d. v.

573. Don Quichotte de la Manche, par Miguel de

Cervantes, traduit par Viardot. *Paris, Dubochet,* 1836, 2 vol. gr. in-8, d. v. n. r.

Vignettes de Tony Johannot.

574. Tesoro de los prosadores españoles. *Paris, Baudry,* 1841, in-8, d.-rel.

575. Dictionnaire portatif des langues française et portugaise, par Constancio. *Paris,* 1820, 2 vol. in-12, oblongs, d.-rel.

576. Nouveau Dictionnaire portugais-français, par Roquette. *Paris,* 1841, in-8, rel.

D. *Langues teutoniques, scandinaves, anglo-saxonne, slave, serbe.*

577. Recherches sur les langues celtiques, par Edwards. *Paris, Imp. roy.,* 1844, in-8, d.-rel.

578. Dictionnaire étymologique des langues teuto-gothiques, par Meidinger. *Francf.-sur-le-Meyn,* 1836, gr. in-8, d. v.

579. Dictionnaire allemand-franç. et franç.-allemand, par Suckaü. *Hachette,* 1853, 2 vol. in-8, d. v. fauve.

580. Les Nibelungen, trad. par Emile de Laveleye. *Hachette,* 1861, in-12, br.

581. Ulfila, oder die uns erhaltenen Denkmaler der gothischen Sprache, herausgg. von L. Stamm. *Paderborn,* 1858, in-8, d. v.

582. Goethe, Mémoires, Théâtre, Poésies, etc.; — 5 vol. in-12, d.-rel.

583. Wallenstein, poëme dramatique de Schiller, trad. par le colonel Lefrançois. *Paris,* 1837, 2 vol. in-8, d.-rel. v. f.

584. Contes de Hoffmann, trad. par Th. Toussenel. *Paris,* 1838, 2 vol. in-8, d.-rel.

585. Leçons allemandes de littérature et de morale, par Noel et Stoeber. *Haguenau*, 1828, 2 vol. in-8, d.-rel. v. f.

586. Nouveau Dictionnaire français-hollandais et hollandais-français. *La Haye*, 1841, in-8, obl. rel.

587. Tableau de la littérature du Nord au moyen âge, par Eichhoff. *Paris, Didier*, 1853, in-8, d. v.

588. Poëmes islandais, tirés de l'Edda de Saemund, avec une traduction et des notes, par G. Bergman, *Paris, Imp. royale,* 1838, in-8, d.-rel.

589. Nouveau Dictionnaire portatif angl.-franç. et franç.-angl., par Sadler. *Paris, Truchy,* 1855, 2 tomes en 1 vol. pet. in-8, cart. en toile.

590. Dictionnaire général anglais-français, par Spiers. *Paris, Baudry*, 1846, gr. in-8. rel.

591. Ossian, barde du iiie siècle, poésies galliques, traduites sur l'anglais de Macpherson, par Letourneur. *Paris, Dentu,* 1810, 2 vol. in-8, d. v. fauve, fig.

592. Analyse critique et littéraire du roman de Brut de Wace, par Le Roux de Lincy. *Rouen*, 1838, in-8, d.-rel.

593. Chefs-d'œuvre de Shakespeare, traduction avec le texte en regard, par Philarète Chasles et Lebas, et des notices, par O'Sullivan. *Paris, s. d.*, 2 vol. in-8, d.-rel.

594. Galerie des personnages de Shakespeare, avec une analyse de chaque pièce, par Amédée Pichot. *Paris, Baudry,* 1844, gr. in-8, fig. d. maroq.

595. Don Juan, poëme, par lord Byron, traduit par Paulin Paris. *Paris*, 1827, 3 vol. in--18, d.-rel. v. n. rogn. fig.

596. OEuvres diverses de lord Macaulay. *Hachette*, 1860, 2 vol. in-12, d. v.

597. Leçons anglaises de littérature et de morale, trad. en français par Mézières. *Paris*, 1826, 2 vol. in-8, d.-rel.

598. Histoire de la langue et de la littératnre des Slaves, par M. Eichhoff. *Paris, Cherbuliez*, 1839, gr. in-8, d.-rel.

599. Essai sur l'origine des Slaves, par Eichhoff. *Lyon*, 1845, in-8, br. ; — les Manuscrits slaves de la Bibliothèque impériale, par Martinoff. *Paris*, 1858, in-8, br.

600. Vergleichende Formenlehre der slavischen Sprachen von Miklosich. *Wien*, 1856, in-4, d.-rel.

601. Poésies populaires serbes, par Dozon. *Paris*, 1859, in-12, d. v.

LANGUES ASIATIQUES.

GÉNÉRALITÉS. — DICTIONNAIRES POLYGLOTTES.
OUVRAGES GÉNÉRAUX. — COLLECTION ORIENTALE.
JOURNAUX ASIATIQUES. — MÉLANGES.

602. Réflexions sur l'étude des langues asiatiques, par Schlegel. *Bonn,* 1832, in-8, d.-rel.

603. Simplification des langues orientales, ou méthode nouvelle et facile d'apprendre les langues arabe, persane et turque, avec des caractères européens, par Volney. *Paris, an III*, in-8, d.-rel.

604. MENINSKI. Lexicon arabico-turcico-persicum. *Viennæ,* 1780, 4 vol. in-fol., v. m.
 Bel exemplaire en grand papier.

605. Complementum thesauri linguarum orientalium, seu onomasticum latino-turcico-arabico-turcicum, autore Francisco à Mesgnien Meninski. *Viennæ*, 1687, in-fol., bas.

606. Lexicon heptaglotton, authore Castello. *Londini*, 1679, 2 vol. in-fol., d.-rel. bas.

607. A Dictionary persian, arabic and english, by J. Richardson, with numerous additions by Ch. Wilkins. *London*, 1806, 2 vol. in-4, d.-rel.

608. A Dictionary persian, arabic and english, by Francis Johnson. *London, Allen*, 1852, gr. in-4, cart. en percaline.

609. Dictionnaire turc, arabe, persan, par Zenker. *Leipzig*, 1862-64, 11 livraisons in-4, br.

610. Polyglotte der orientalischen Poesie, mit Anmerkungen von Dr Jolowicz. *Leipzig*, 1856, gr. in-8, d. v. ant.

611. Magasin asiatique, ou Revue géographique et historique de l'Asie centrale, publiée par J. Klaproth. *Paris*, 1825, 2 tomes en 1 vol. in-8, bas.

612. JOURNAL ASIATIQUE, ou Recueil de mémoires relatifs à l'hist., aux langues et à la littérature des peuples orientaux. *Paris*, 1822 à 1866. Première série, 1822-27, 11 vol. in-8, d.-rel.—2e série, 1828-35, 16 vol. in-8, d.-rel. — 3e série, 1836-42, 14 vol. in-8, d.-rel. — 4e série, 1843-52, 20 vol. in-8, d.-rel. — 5e série, 1843 à 1862, 20 vol. in-8, d.-rel. — 6e série, 1863 à 1866, 5 vol. in-8, d.-rel., et le reste en livraisons.

613. THE JOURNAL of the royal asiatic Society of Great Britain and Ireland. *London*, 1834-66, 22 vol. in-8, dont 10 reliés et le reste en livraisons.

Collection importante renfermant les travaux du doct. Rawlinson, de Muir, et de beaucoup d'autres orientalistes célèbres. Trois numéros manquent : vol. XI, 2e partie; vol. XIV, partie 2 ; vol. XX, partie 2.

614. THE JOURNAL OF THE ASIATIC SOCIETY OF BENGAL. *Calcutta*, 1837-65. Première série, 1837 à 1846. 173 numéros en 20 vol. in-8, d.-rel. (Il manque le premier vol. de 1842, numéros 121 à 126.) — 2e série, 1847 à 1865. 130 numéros en livr. — — Proceedings. 1865. 15 numéros.

Collection très-rare. Il manque cinq numéros de la première série et vingt-quatre numéros à la deuxième série.

615. Recherches asiatiques, ou Mémoires de la Société établie au Bengale, trad. de l'angl. par Labaume. *Paris*, 1805, 2 vol. in-4, d.-rel.

616. The Madras journal of litterature and science, 1844 à 1864, 20 numéros.

Beaucoup de numéros manquent.

617. ZEITSCHRIFT der deutschen morgenlandischen Gesellschaft. *Leipzig*, 1847-67, 11 vol. in-8, rel. et les tomes 12 à 21, première partie, en livraisons.

618. Journal of the american oriental Society. *Boston*, 1849-62, 7 vol. in-8, d.-rel., fauve.

619. Mélanges asiatiques tirés du Bulletin historico-philolog. de l'Académie impér. de Saint-Pétersbourg. *Saint-Pétersbourg*, 1852 à 1863, 4 vol. gr. in-8, d. v. ant. et le tome V° en 4 livraisons.

620. COLLECTION ORIENTALE. Manuscrits inédits de la Bibliothèque, publiés et traduits avec le texte en regard, par MM. Mohl, Burnouf et Quatremère. *Paris, Impr. roy.*, 8 vol. gr. in-fol., cart., n. rogn.

Le Livre des Rois, 4 vol. — Bhagavata purana, 3 vol. — Histoire des Mongols, tome Iᵉʳ.

621. Bibliotheca indica; a collection of oriental books published by the royal Society of Bengal. The Tarikhi Feroz-Shahi. 1860–62, 7 livr. — The Tabaqati Nasiri. *Calcutta*, 1863, 5 livr. in-8. — Ens. 13 livr.

622. Mélanges asiatiques, par Abel Rémusat. *Paris*, 1825, 2 vol. in-8. — Nouveaux Mélanges. 1829, 2 vol. in-8. — Mélanges posthumes. 1843, 1 vol. Ensemble 5 vol. in-8, d.-rel.

623. De M. Reinaud : Mémoire sur l'Inde avant le xiᵉ siècle. 1849, in-4, br. — Mémoire sur le périple de la mer Erythrée. 1864, in-4. — Mémoire sur le royaume de la Mésène et de la Characène. 1864, in-4. — Etat de la littérature en Syrie. 1856, in-8, br. — Notice sur le dictionnaire de Hadji Khalfa. 5 vol. et br.

624. De M. Reinaud : Notice sur le baron de Sacy. —
Notice sur Mahomet. — Notice sur la Gazette arabe
de Beyrout. 1858. — Sur la chape arabe de Chinon. 1857. = Description d'un fusil oriental. —
Article Hariri, Biogr. univ. Didot. — Sur les dictionnaires géographiques arabes. 1861, etc. 11 br.
in-8.

625. Matthiæ Norbergi selecta opuscula academica,
edidit Norrmann. *Lugd. Goth.*, 1818, 3 vol. in-12.
d.-rel.

626. Discours, opinions et rapports sur divers sujets,
par Silvestre de Sacy. *Paris*, 1823, in-8, d.-rel.

627. Mélanges de littérature orientale, par Agoub.
Paris, Werdet, 1835, in-8, d. v.

628. Orientalia; edentibus Juynboll, Roorda, Wei-
gers. *Amstelod.*, 1840-46, 2 vol. in-8, d.-rel.

629. Dubeux. Eléments de grammaire turque. 1856.
— Smyth. The persian moonshee (grammar and
stories). 1840.—Dugat, gramm. française. 1854.—
Cahiers d'écritures arabes. *Hachette*, 1848, 5 vol.
in-8 et in-12, br.

630. Mémoires d'histoire orientale, suivis de mélanges de critique, de philologie et de géographie,
par C. Defrémery. *Paris, Didot*, 1854-62, 2 vol.
in-8, br.

> La première partie de cet ouvrage est devenue rare.

631. Etudes orientales, par Ad. Franck. *Paris*,
1861, in-8, d. maroq. puce.

632. The Languages of the seat of war in the East,
with a survey of the three families of language,
semitic, arian and turanian, by Max Müller. *London*, 1855, in-8, cartonné.

633. Abhandlungen für die Kunde des Morgenlandes.
Leipzig, 1857-62, 2 tomes en 8 parties in-8, br.

634. Etudes asiatiques de géographie et d'histoire,
par Léon de Rosny. *Paris*, 1864, in-8, br.

635. Félix Nève. Recueil de ses travaux sur l'Orient, 26 brochures in-4 et in-8.

Recueil difficile à former, ces opuscules ayant été tirés à petit nombre.

LANGUES DES INDES.

A. *Sanscrit.*

637. An Introduction of the sanskrit language, by Wilson. *London*, 1847, in-8, cartonné.

638. Méthode pour étudier la langue sanscrite, par Emile Burnouf. *Paris*, *Duprat*, 1861, in-8, broché.

639. Glossarium sanscritum, à Franc. Bopp. *Berolini*, 1847, in-4, rel.

640. Glossarium comparativum linguæ sanscritæ, aucth. Bopp. *Berolini*, 1866, in-4, br.

Editio tertia, pars prior.

641. Dictionnaire classique sanscrit-français, par Em. Burnouf et Leupol. *Paris et Nancy*, 1865, gr. in-8, d.-rel.

642. Amarakocha, ou vocabulaire d'Amarasinha, publié en sanscrit avec une traduction française, des notes et un index, par A. Loiseleur-Deslongchamps. *Paris, Impr. royale*, 1839-45, 2 vol. gr. in-8, bas.

643. A History of ancient sanscrit literature, by Max Müller. *London*, 1859, in-8, cart.

644. Anthologie érotique d'Amarou; texte sanscrit, traduct. et notes, par Apudy (de Chézy). *Paris*, 1831. — Théorie du Sloka, par le même. 1827. — 2 part. en un vol. gr. in-8, pap. vélin, d.-rel.

645. Bhagavad-Gità, sive almi Crishnæ et Arjunæ colloquium de rebus divinis. Textum sanscritum recensuit, notas et interpr. latinam adjecit G. à

Schlegel; editionem curavit Lassen. *Bonnæ*, 1846, gr. in-8, bas.

646. Le Bhagavad-Gitâ, ou le chant du bienheureux, poëme indien, traduit par Em. Burnouf. *Nancy*, 1861, in-8, br.

647. Krichna et sa doctrine. Dixième livre du Bhagavat-Pourana, traduit par M. Pavie. *Paris*, 1852, gr. in-8, d.-rel.

648. The Mahavira Charita, or the history of Roma, a sanscrit play, by Bhavabhuti, edited by H. Trithen. *London*, 1848, in-8; cart.

649. Harivansa, ou histoire de la famille de Hari, traduit sur l'original sanscrit, par M. Langlois. *Paris et Londres*, 1834, 2 vol. in-4, d.-rel.

650. Hitopadésa, ou l'Instruction utile, recueil d'Apologues et de Contes, traduit du sanscrit par Lancereau. *Paris*, *Jannet*, 1855, in-12, cart., n. rogn.

651. Raghuvansa Kalidasæ carmen, sanskrite et lat., edidit Frid. Stenzler. *London*, 1832, in-4, d.-rel.

652. Kumara Sambhava, Kalidasæ carmen, sanskrite et latine, edidit Frid. Stenzler. *Berlin and London*, 1838, in-4, cartonné.

653. La Reconnaissance de Sacountala, drame sanscrit de Calidasa, publié pour la première fois en original, avec une traduction et des notes, par L. Chézy. *Paris*, *Dondey-Dupré*, 1830, gr. in-4, d.-rel.

654. Malavika und Agnimitra, ein Drama des Calidasa, übersetzt von Weber. *Berlin*, 1856, in-12, br.

655. OEuvres de Kalidasa, traduites du sanscrit par Hipp. Fauche. *Paris*, *Aug. Durand*, 1859, 2 vol. gr. in-8, d. v. bl.

656. The Lilavati, a treatise on arithmetic, translated into persian, from the sanscrit work of

Bhascara Acharya, by Feizi. *Calcutta*, 1827, gr. in-8, cartonné.

657. Le Lotus de la bonne loi, trad. du sanscrit par Burnouf. *Paris*, 1852, gr. in-4, rel.

658. Le Lotus de la bonne loi, ouvrage traduit du sanscrit en chinois, in-fol. maroq. vert; *très-belle édition.*

> C'est l'ouvrage dont M. Eug. Burnouf a publié une traduction française faite sur l'original sanscrit.

659. Parabole de l'Enfant égaré, formant le iv° chapitre du Lotus de la bonne loi, texte sanscrit et thibétain, avec une traduction, par Ed. Foucaux. *Paris*, 1854, gr. in-8, br.

660. Le Mahabharata, poëme épique de Krishna, trad. du sanscrit par Hipp. Fauche. *Paris*, 1863, 5 vol. gr. in-8, br.

661. Nalus Mahabharati episodium; textus sanscritus, cum interpr. lat. et notis, curante Franc. Bopp. *Berolini*, 1832, pet. in-4, d.-rel.

662. Savitri, épisode du Mahabharata, traduit du sanscrit par M. Pauthier. — Le Gita-Govinda. — Le Ritou-Sanhara. — Bhartrihari, etc., trad. par M. Fauche. *Paris*, 1841-50 et 1852, 3 vol. in-8 et in-12, d.-rel.

663. Fragments du Mahabharata, traduits par Th. Pavie. *Paris*, 1844, gr. in-8, d.-rel.

664. Fragments du Mahabharata, traduits du sanscrit en français, par Sadous. *Paris*, 1858, in-12, br.

665. Le Mahabharata. Onze épisodes tirés de ce poëme et traduits par Ed. Foucaux. *Paris*, 1862, in-8, br.

666. Lois de Manou publiées en sanscrit, avec des notes, par A. Loiseleur-Deslongchamps. — Lois de Manou, traduites du sanscrit par le même. *Paris, Levrault et Crapelet*, 1830-33, 2 vol. gr. in-8, bas.

667. Original sanscrit texts, on the Origin of the religion and institutions of India; on the Origin and history of the people of India; by Muir. *London, Williams and Norgate,* 1858-63, 4 vol. gr. in-8, cartonnés.

668. Index to Muir's sanscrit texts. *London,* 1861, in-8, cartonné.

669. Le Ramayana, poëme sanscrit de Valmiki, traduit en français, par Hippolyte Fauche. *Paris,* 1864, 2 vol. in-12, d.-rel.

670. Ramayana, poema sanscrito di Valmici, traduzione per Gorresio. *Parigi,* 1847. Tomes VI à X, — 5 vol. gr. in-8, cartonnés.

671. Yajnadattabada, ou la Mort d'Yadjnadatta, épisode extrait du Ramayana, poëme épique sanscrit, texte gravé, avec une traduction et des notes, par L. Chézy. *Paris, F. Didot,* 1826, in-4, d.-rel.

672. Fleurs de l'Inde, comprenant la Mort de Yasnadate et autres poésies traduites du sanscrit. *Nancy,* 1857, gr. in-8, br.

673. Le Pantcha-Tantra, ou les Cinq Ruses, fables traduites sur les originaux indiens, par l'abbé Dubois. *Paris, Merlin,* 1826, in-8, d. rel.

674. Rig-Veda-Sanhità, a collection of ancient hindu hymns, translated from the original sanskrit, by H. Wilson. *London, Allen,* 1850-57, 3 vol. in-8, perc.

675. Rig-Veda, ou Livre des hymnes, traduit du sanscrit par M. Langlois, de l'Institut. *Paris, F. Didot,* 1848-51, 4 vol. gr. in-8, bas.

676. Essai sur le mythe des Ribhavas, texte sanscrit et traduction par M. Nève. *Paris, Dupont,* 1847, in-8, d. rel.

677. The Surya-Siddhanta, an ancient system of Hindu astronomy, edited by Ed. Hall (texte sanscrit). *Calcutta,* 1859, in-8, d.-v.

678. Decem Sendavestæ excerpta, sanscrite et latine, edidit Kossowicz. *Parisiis,* 1865, in-8, br.

679. Une Tétrade, ou drame, hymne, roman et poëme, traduits pour la première fois du sanscrit, par Hipp. Fauche. *Paris, Aug. Durand,* 1861, 3 vol. gr. in-8, d. v. bleu.

680. Die Vajrasûcî des Açraghosha, von Weber. *Berlin,* 1860, in-4, br.

681. Etude sur l'idiome des Védas et les origines de la langue sanscrite, par Ad. Regnier. *Paris, Lahure,* 1855, gr. in-4, d. v.

Tome I, le seul publié.

682. Zwei vedische Texte ueber Omina und Portenta, von Weber. *Berlin,* 1859, in-4, br.

683. Des Védas, par M. Barthélemy Saint-Hilaire. — Du Bouddhisme, par le même. *Paris,* 1854-55, 2 vol. in-8, br.

684. The Vishnu Purana, a system of Hindu mythology and tradition, translated from the original sanscrit, by Wilson. *London,* 1840, gr. in-4, cart.

685. Neriosengh's sanscrit Uebersetzung des Yaçna, herausgg. von Fr. Spiegel. *Leipzig,* 1861, in-8, d. v. vert.

686. Mélanges de littérature sanscrite, par A. Langlois. *Paris, Lefèvre,* 1827, in-8, d. rel.

687. Chefs-d'œuvre du théâtre indien, traduits du sanscrit, par Wilson, et de l'anglais en français, par Langlois. *Paris,* 1828, 2 vol. in-8, d. rel.

688. Select Specimens of the theatre of the Hindus, translated from the original sanscrit, by Wilson. *London,* 1835, 2 vol. in-8, cart.

689. Wilson. Essays on subjects connected with sanscrit literature, edited by Rost. *London,* 1864, 2 vol. in-8, br.

690. Poésie héroïque des Indiens comparée à l'épopée grecque et romaine, par Eichhoff. *Paris*, 1860, in-8, d. v. bleu.

691. Mélanges sur l'Inde et le sanscrit, par Schlegel, Langlès et Chézy. — 6 part. en 1 vol. in-8, rel.

 Ce recueil a été formé par Abel Rémusat. N° 1549 de son catalogue.

692. Sur la Langue et la littérature sanscrites, par Eichhoff, Foucaux, Max Müller, etc. 25 br. in-4 et in-8.

693. Essai sur le Pali, par Burnouf et Lassen. *Paris*, 1826, gr. in-8, rel.

694. D'Hammapadam, palice edidit, latine vertit, notisque illustravit Fausboll. *Hauniæ*, 1855, in-8, d. maroq. rouge.

695. The Mahawanso, in Roman caracters, with a translation and an introductory essay on Pali Buddhistical literature. *Ceylon*, 1837, in-4, cart.

 Vol. I, seul publié.

696. Lassen. Institutiones linguæ Pracriticæ. *Bonnæ*, 1837, in-8, rel.

B. *Dialectes de l'Inde.*

697. Rudiments de la langue hindoustani, par M. Garcin de Tassy. *Impr. royale,* 1829, in-4, d.-rel.

 Avec l'Appendice à cet ouvrage imprimé en 1833.

698. A Dictionary hindustani and english, engl. and hindustani, by John Shakespear. *London*, 1849, in-4, cart. en percaline.

699. An English hindustani law and commercial dictionary, by Fallon. *Calcutta*, 1858, gr. in-8, rel.

700. Chrestomathie Hindoustani (par Garcin de Tassy). *Paris*, 1847, in-8, d.-rel.

701. Les OEuvres de Wali, publiées en hindoustani, avec une traduction et des notes, par M. Garcin de Tassy. *Paris, Imprimerie royale,* 1834-36, 2 part. en 1 vol. in-4, d.-rel.

702. Les Aventures de Kamrup, par Tahcin-Uddin, publiées en hindoustani, avec la traduction française, par M. Garcin de Tassy. *Paris, Imprimerie royale,* 1834-35, 2 tomes en 1 vol. in-8, d.-rel.

703. Manuel de l'auditeur des cours d'hindoustani, par Garcin de Tassy. *Paris, Imprimerie royale,* 1836, in-8, d. rel.

704. Grammatica latino-tamulica, auctore Beschio. *Pudicherii,* 1843, in-8, rel.

705. Oriental historical manuscripts in the Tamil language, translated with annotations, by W. Taylor. *Madras,* 1835, 2 tomes en 1 vol. in-4, d. v. fauve.

706. Oriental historical manuscripts in the Tamil language, translated with annotations, by W. Taylor. *Madras,* 1835, 2 vol. in-4, cartonnés.

707. A comparative Grammar of the Dravidian or south Indian family of Languages, by Caldwell. *London,* 1856, in-8 cart.

707 *bis.* A Glossary of judicial and revenue terms, and of useful words occurring in official documents relating to the administration of the government of British India, from the languages of India, compiled by Wilson. *London,* 1858, gr. in-4 cart.

C. *Langues transgangétiques.*

708. Grammatica linguæ Thai, autore Pallegoix, episcopo Siamensi. *Bangkok,* 1850, in-4, d.-rel.

709. Grammaire de la langue tibétaine, par Foucaux. *Paris,* 1858, in-8 br.

710. Rgya Tcher Rol Pa, ou développement des jeux, contenant l'histoire du Bouddha Çakya-Mouni, traduit sur la version tibétaine et revu sur l'original sanscrit, par Ed. Foucaux (texte tibétain et traduction française). *Imprim. royale,* 1847, in-4, bas.

LANGUES PERSANES.

(Écriture cunéiforme, zend, parsi, langue et littérature persanes, afghan, kurde.)

711. Die altpersischen Keilinschriften, mit Grammatik und Glossar, von Spiegel. *Leipzig,* 1862, gr. in-8, d.-rel. v.

712. Mémoire sur deux inscriptions cunéiformes trouvées près d'Hamadan, par Eug. Burnouf. *Imprim. royale,* 1836, in-4, d.-rel., 5 pl.

713. A Selection from the historical inscriptions of Chaldæa, Assyria and Babylonia, by Rawlinson and Edwin Norris. *London,* 1861, in-fol., cart., 70 pl.

714. A Selection from the miscellaneous inscriptions of Assyria, by major gen. Rawlinson, assisted by Edwin Norris. *London,* 1861, gr. in-fol. cart., 70 planches.

715. Abrégé de la grammaire zend, par Pietraszewski. *Berlin,* 1861, brochure in-8.

716. Das ursprungliche zend Alphabet, von Lepsius. *Berlin,* 1863, in-4, br.

717. Zoroastrische Studien. Abhandlungen zur Mythologie und Sagengeschichte des alten Iran, von Fr. Windischmann. *Berlin,* 1863, in-8, d. v. vert.

718. Vendidad Sadé, l'un des livres de Zoroastre, lithographié d'après le Mss. zend de la Bibliothèque royale, et publié par E. Burnouf. *Paris,* 1829-43, in-fol. bas.

719. Avesta, die heiligen Schriften der Parsen, aus dem Grundtexte übersetzt von Friedr. Spiegel (Erster Band, der Vendidad). *Leipzig*, 1852, in-8, broché.

720. Avesta, Die heiligen Schriften der Parsen, übersetzt von Spiegel. *Leipzig*, 1852-63, 3 vol. in-8, d.-rel. v.

721. Commentar über das Avesta, von Fried. Spiegel. Erster Band, der Vendidad. *Wien*, 1864, in-8, br.

722. Avesta. The religious books of the Parsees; from prof. Spiegel's german translation of the original manuscripts, by H. Bleeck. *London*, 1864, 3 parties en 1 vol. in-8, perc.

723. Zend Avesta, ouvrage de Zoroastre, traduit sur l'original zend, par Anquetil du Perron. *Paris, Tilliard*, 1791, 2 tomes en 3 vol. in-4, v. marbré fil., fig.

724. Grammatik der Parsisprache, von Spiegel. *Leipzig*, 1851, in-8, d.-rel.

725. Die traditionnelle Literatur der Parsen, dargestellt von Fr. Spiegel. *Wien*. 1860, gr. in-8, d. v. vert.

726. Essays on the sacred language, writings and religion of the Parsees, by Martin Haug. *Bombay*, 1862, in-8, cart. en perc.

727. Les Inscriptions des Achéménides, conçues dans l'idiome des anciens Perses, commentées par Oppert. *Imprim. nat.*, 1851, in-8, d. v. vert.

728. Institutiones ad fundamenta linguæ Persicæ, edidit Wilken. *Lipsiæ*, 1805, 1 tome en 3 vol. in-8, d.-rel.

729. A Grammar of the persian language, by Lumsden. *Calcutta*, 1810, 2 vol. in–fol., bas.

730. A Grammar of the persian language, by sir W. Jones, edited by Lee. *London* 1828. — Rhe-

toric, prosody and rhyme of the Persians, by Gladwin. *Calcutta,* 1801, 2 part. en 1 vol. in-8, relié.

731. J. Vullers Institutiones ling. persicæ, cum sanscritâ et zendicâ linguâ comparatæ. *Gissæ,* 1840, in-8, bas.

732. Principia grammatices neo-persicæ, cum dialogis persicis, edidit Geitlin. *Helsingforsia,* 1845, in-8, d.-rel.

733. Grammaire persane, par Chodzko. *Paris, Imp. nat.,* 1852, gr. in-8, rel.

734. Grammatik der Husvarechsprache, von Fr. Spiegel. *Wien,* 1856, gr. in-8, d. v. vert.

735. Beitrage zur Kenntniss der iranischen Sprachen (Masanderanische Sprache) herssgg. von Dorn. *St.-Petersburg,* 1860, in-8, br.

736. Beitrage zur Kenntniss der iranischen Sprachen. — Masanderanische Sprache. — Die Gedichtsammlung des Emir-i-Pasewary, herssgg. von Dorn. *St.-Petersburg,* 1866, gr. in-8, br.

737. Dialogues persans-français, par J.-B. Nicolas. *Paris, Firmin Didot,* 1857, gr. in-8, d. v. bl.

738. Recherches sur les dialectes persans, par Bérézine. *Casan,* 1853, in-8 rel.

739. Vullers. Lexicon Persico-Latinum etymologicum. *Bonnæ,* 1855, 2 vol. in-4, rel. v. bl.

740. Boorhani Qati. A dictionary of the persian language explained in persian according to the system of european lexicons, to which is added an appendix, by Th. Roebuch. *Calcutta,* 1818, gr. in-4, cart.

Voir le Catalogue de M. de Sacy, n° 2900.

741. Vocabulaire rimé persan-turk, par Vehbi. — Eléments de grammaire persane, en arabe. *Au Kaire,* 1255 de l'hég. (1839), in-8, cartonné.

742. The Bowers of eloquence, being a treatise on
the rhetoric, poetry and rhyme of the Persians,
by Meer Shums-ood-den-Fukeer, of Delhi. *Calcutta*, 1814, gr. in-8, d.-rel.

743. La Rhétorique des nations musulmanes, d'a-
près le traité persan intitulé Hadayik ul-Balagat,
par M. Garcin de Tassy. *Paris, Impr. roy.*, 1844,
in-8, d. v. fauve.

744. La Poésie philosophique et religieuse chez les
Persans, par Garcin de Tassy. *Paris, Duprat*,
1857. — Mantic Uttaïr, ou le Langage des oiseaux,
texte persan, publié par Garcin de Tassy. *Paris,
Impr. imp.*, 1857, 2 part. en 1 vol. in-8, d.-rel.

745. Chrestomathia Persica, edidit Spiegel. *Lipsiæ*,
1846, in-8, d.-rel. ˍ

746. Anthologia persica; persice et latine. *Vienne*,
1778, in-4, br.

747. Husn oo Dil, or beauty and heart, an alle-
gory in eleven chapters, composed by Alfettah of
Nishapoor (persian and english). *London*, 1828,
in-4, cart.

748. The Anvari Suhaïli, or the lights of Canopus,
being the persian version of the Fables of Pilpay,
translated by Eastwick. *Hertford*, 1854, gr. in-8,
cartonné.

749. Anvari suheïli, being the persian version of the
Fables of Bidpaï, by Kashefi, edited by Ouseley.
Hertford, 1851, gr. in-4, cart.

750. The Dabistan or school of manners, translated from the original persian, with notes, by David Shea and Ant. Troyer. *Paris*, 1842, 3 vol.
in-8, bas.

751. Le Schah-Nameh, poëme persan de Ferdousy.
Bamberg, 1272 de l'hégire (1855), gr. in-fol. bas.
Très-belle édition imitant les manuscrits. Elle est ornée de gravures fort
curieuses. Un riche négociant, *Aga Mohammed Baker*, en a fait les frais.

752. Pend-Namèh, ou le Livre des conseils, de Férid-Eddin Attar; texte persan, avec une traduction et des notes, par le baron Silvestre de Sacy. *Impr. royale*, 1819, in-8, d.-rel.

753. Specimen poeseos persicæ, sive Haphyzi Ghazelæ, arabicè et lat. *Vindobonæ*, 1771, in-8, rel.

754. Divan de Hafiz, avec un commentaire turk, par Soudy. *Boulaq*, 1834, 3 vol. in-4, reliure orientale.

> Voyez le Catalogue de M. de Sacy, n° 3,579.

755. Hatim taee, a romance in persian language, revised by James Atkinson. *Calcutta*, 1818, in-4, d.-rel.

756. Diwan d'Ibn Arabi, en persan; imprimé à Boulak en 1271 de l'hégire, — in-fol. maroq. r. reliure orientale.

757. Sekander Nameh, ou poëme sur Alexandre, par Nizami, avec un choix des meilleurs commentaires, le tout en persan. *Calcutta*, 1240 (*de l'hég.*), 1825 (*de J.-C.*), gr. in-4, rel.

> Bibliothèque de Sacy, tome II, p. 347, et Zenker, Biblioth. or.

758. Expédition d'Alexandre le Grand contre les Russes, extrait de l'Iskender Nameh de Nizamy, par Spitznagel, trad. revue par Charmoy. *Saint-Pétersbourg*, s. d., 2 t. en 1 vol., d.-rel.

759. Makhzan ul Asrar. The Treasury of secrets, being the first of the five poems of Nizami, a persian work, edited by Nathaniel Blaud. *London*, 1844, in-4, cart.

760. Tuhfat ul Ahrar. The Gift of the noble, being one of the seven poems of Mulla Jami, a persian text, now first edited by F. Falconer. *London*, 1848, in-4, cart.

761. Joseph und Suleïcha, aus dem persischen des Dschami, übersetzt von Rosenzweig. *Wien*, 1824, in-fol. d.-rel.

762. Der Fruehlingsgarten, von M. Ab. Dschami, aus dem persischen uebertragen von Maria Freihern. *Wien*, 1846, in-8, d.-rel.

763. Salaman u Absal, a romance, by Jami, edited by Falconer. *London*, 1850, in-4, cart.

764. Mahmud Schebisteri's Rosenflor des Geheimnisses (Persisch und Deutsch), herausgg. von Hammer Purgstall. *Pesth und Leipzig*, 1838, in-4, d.-rel., fig.

765. Mantic Uttaïr, ou le Langage des oiseaux, trad. du persan, par Garcin de Tassy. *Paris*, *Impr. imp.*, 1863, gr. in-8, d.-rel.

766. Neh Manzer, ou les Neuf Loges, conte traduit du persan. *Génes*, 1806, in-4, d.-rel.

767. Le Boustan de Sadi, texte persan, avec un commentaire persan, publié par Graf. *Vienne*, 1838, gr. in-8, d.-rel.

> Très-belle édition, texte entouré d'un filet d'or.

768. Gulistan de Sadi, avec le commentaire turk de Soudy. *Impr. à Constantinople*, en 1249 de l'hégire, in-fol., d.-rel.

769. The Gulistan of Sady of Scheeraz, published by Gladwin and Ouseley. *London*, 1809, in-8, bas.

> Exemplaire interfolié et couvert de notes manuscrites.

770. Gulistan, ou le Parterre de fleurs du cheik Saadi de Chiraz, trad. par Semelet, avec le texte persan, publié en 1828. — *Paris*, 1834, 2 part. en 1 vol. in-4, rel.

771. Gulistan, ou le Parterre de roses, par Saadi, traduit du persan par Defrémery. *Paris*, *Didot*, 1858, in-12, d.-rel. v. f.

772. Ssufismus, sive theosophia Persarum pantheistica, eruit atque illustravit D. Tholuck. *Berolini*, 1821, pet. in-8, bas.

773. Les Mille et un Jours, contes persans, traduits

par Petis de la Croix. *Paris*, 1826, 3 vol. in-8,
fig. d.-rel.

774. Les Mille et un Jours, contes persans, nouvelle
édition, avec des notes, par Loiseleur-Deslongchamps. *Paris, Desrez*, 1838, gr. in-8, d.-v. —
Les Mille et une Nuits, contes arabes. *Desrez*, 1838,
gr. in-8, d. v.

775. Bakhtiar Nameh, ou le Favori de la fortune,
conte traduit du persan par Lescallier. *Paris*,
1805, in-8, d.-rel.

776. Le Trône enchanté, conte indien, traduit du
persan, par Lescallier. *New-York*, 1817, 2 vol.
in-8, cartonnés.

777. Geschichte der schönen Redekünste Persien's,
von Joseph von Hammer. *Wien*, 1818, in-4, d.-rel.

778. Opuscules sur la langue et la littérature persanes,
par Langlès, Trébutien, etc. 16 br. in-8 et in-12.

779. A Grammar of the Pushto, or language of the
Afgans, by Raverty. *Calcutta*, 1855, in-8, d.-rel.

780. Grammatica e vocabolario della lingua Kurda,
composti dal P. Maurizio Garzoni. *Roma*, 1787,
in-8, d. v. fauve.

LANGUE ET LITTÉRATURE ARMÉNIENNES.

781. Grammaire de la langue arménienne, par Cirbied. *Paris*, 1823, in-8, rel.

782. Dictionnaire arménien-français, par Ambroise
Calfa. *Paris, Hachette*, 1861, in-12, cart.

783. Dictionnaire français-arménien et arménien-
français, par le P. Pascal Aucher. *Venise, impr.
de l'Acad. arménienne*, 1812-1817, 2 tomes en
1 vol. gr. in-8, d.-rel. n. r.

784. Quadro della storia letteraria di Armenia, esteso
da Placido Sukias Somal. *Venezia*, 1829, gr. in-8,
d.-rel.

785. Choix de fables de Vartan, en arménien et en français. *Paris*, 1825, in-8, d.-rel.

785 *bis*. Sur l'Arménie, sa langue, son histoire sa littérature, recueil des travaux de MM. V. Langlois, Chanazarian, Eznig, de Stadler, Lasdiverd, etc. 20 br. in-4 et in-8.

786. La Rose et le Rossignol, allégorie orientale, traduite de l'arménien, par Levaillant de Florival. *Paris*, 1833, in-8, bas.

LANGUES SÉMITIQUES.

A. *Généralités.*

787. De formis quiescentibus linguarum semiticarum commentatio, scripsit G. Monrad. *Hauniæ*, 1838, in-8, d.-rel.

788. Histoire générale et système comparé des langues sémitiques, par Ern. Renan. *Paris*, 1863, gr. in-8, d.-rel.

B. *Langue et Littérature arabes.*

1. Grammaires arabes.

789. Alfiyya, ou la Quintessence de la grammaire arabe, ouvrage de Djémal-Eddin, connu sous le nom de Ebn-Malec, publié en arabe, avec un commentaire, par le baron Silvestre de Sacy. *Paris*, 1833, in-8, d.-rel.

790. L'Alfya de Ibn-Malek, avec le commentaire de Ibn-Akyl. *Au Caire*, 1252 de l'hég. (1837), gr. in-8, d.-rel.

791. Alfiyyah, carmen didacticum grammaticum, auctore Ibn Mâlik, et in Alfiyyam commentarius quem conscripsit Ibn Akil. Arabicè edidit Dieterici. *Lips.*, 1851, in-4, bas.

792. Ibn Akil's Commentar zur Alfijja des Ibn Malik, aus dem Arabischen, zum ersten Male übersetzt von Dieterici. *Berlin*, 1852, in-8, d.-rel.

793. Kafya, par Ibn-Hadjeb, avec un commentaire de Hossein-Zyny-Zade en arabe. *Constantinople*, 1223 de l'hégire (1808), in-4, maroq. noir, rel. orientale.

794. Trois traités de grammaire, en arabe, avec des gloses dans la même langue. *Impr. au Caire*, 1241 de l'hég. (1825), in-4, d.-rel.

795. Six traités de grammaire arabe. *Constantinople*, 1243 de l'hégire, 1827, pet. in-4, maroq. noir, rel. orientale.

796. Trois traités sur la grammaire, en arabe, par Khaled al Azhery et Ibn Hescham. *Imprimés au Caire*, en 1827, pet. in-4, d.-rel.

797. *Adjroumya*. Traité de grammaire arabe, avec un commentaire du scheikh Khaled-al-Azhery. *Au Caire*, 1251 (1835), pet. in-4, d.-rel.

798. *Schodzour-Aldzeheb*. Traité de grammaire arabe, par Ibn-Hescham. *Au Kaire*, 1253 de l'hég. (1837), pet. in-fol., d.-rel.

799. *Cathe-Alneda*. Traité de grammaire arabe, par Ibn-Hescham. *Impr. en* 1253 (1837), in-fol. d.-rel.

800. Djaroumiya, grammaire arabe élémentaire de Mohammed ben Dawoud el-Sanhadjy, traduite par M. Bresnier. *Alger*, 1846, gr. in-8, d.-rel.

801. Remarques grammaticales en arabe, par Dadeh-effendi. *Au Caire*, 1255 de l'hég. (1839), in-4, d.-rel.

802. Djaroumiya. Principes de syntaxe de Mohammed al Sanhadji, texte arabe, avec trad. et notes, par Bresnier. *Alger*, 1866, in-8, br.

803. Institutiones linguæ arabicæ, authore Marte-lotto. *Romæ*, 1620, in-4, rel.

804. Grammatica arabica, agrumia appellata, cum versione latina. *Romæ*, 1631, pet. in-8, parch.

805. Erpenius. Grammatica arabica. *Lugd.-Bat.*, 1656, in-4, rel.

806. Th. Erpenii Grammatica arabica, ed. Schultens. *Lugd.-Bat.*, 1748, in-4, cart. n. rogn.

807. Rudimenta linguæ arabicæ, autore Erpenio. *Lugd.-Batav.*, 1770, pet. in-4, d.-rel.

808. Rudiments de la langue arabe, de Thomas Erpénius, traduits par Hébert. *Paris, Impr. royale*, 1844, in-8, d.-rel.

809. Grammaire arabe, par de Sacy. *Paris, Impr. imp.*, 1810, 2 vol. in-8 rel.

810. Grammaire arabe, par de Sacy, 2ᵉ édition. *Paris*, 1831, 2 vol. gr. in-8, rel.

    Exemplaire fatigué et annoté au crayon.

811. A Grammar of the arabic language, according to the principles taught in the schools of Arabia, by Lumsden. (Vol. first, comprising the system of inflexion.) *Calcutta*, 1813, très-gr. in-8, cart.

812. Grammaire de la langue arabe vulgaire, par Savary. *Impr. impér.*, 1813, in-4, d.-rel.

813. Ewald. Grammatica critica linguæ arabicæ. *Lipsiæ*, 1831, 2 vol. in-8, d.-rel.

814. Grammatica arabica, in usum scholarum conscripta, à T. Roorda. *Lugd.-Batav.*, 1835, in-8, cartonné.

815. Grammaire arabe, par Ibn-Farhat. *Malthe*, 1836, in-8, d.-rel.

816. A practical arabic Grammar, by Duncan Stewart. *London*, 1841, gr. in-8, cart.

817. Flores grammaticales arabici idiomatis, studio et labore Franc. Agapiti. *Romæ*, 1845, in-8, d. chag.

818. Grammatica arabica, in usum scholarum Academ., scripsit C. P. Gaspari. *Lips.*, 1848, in-8, d.-rel.

819. Grammaire arabe de Ch. Schier. *Dresde*, 1849, in-8, d.-rel.

819 *bis.* Cours d'arabe vulgaire, par Gorguos. *Paris, Hachette*, 1849 à 1850, 2 vol. in-12, d.-rel.

820. Cours pratique de langue arabe, par Bresnier. *Alger*, 1855, in-8, d. v.

821. A Grammar of the arabic language, translated from the german of Gaspari, by William Wright. *London, Williams and Norgate*, 1859-62, 2 vol. gr. in-8, cartonnage en percaline.

822. Principes de grammaire arabe, par J.-B. Glaire. *Paris,* 1861, gr. in-8, br.

823. Einleitung in das Studium der arabischen Sprache, von Freytag. *Bonn,* 1861, in-8, d.-rel.

824. *Mokhtasser,* ou traité de rhétorique, par Taftazany. Texte arabe imprimé à Calcutta en 1813, in-fol., v. br.

825. Traité de rhétorique de Mahmoud-el-Cazoyny, avec le commentaire de Taftasany. *Constantinople,* 1266 (1850), in-4, v. br., rel. orientale.

826. Suites de remarques philologiques disposées dans un ordre alphabétique, par Abu-Baca. Texte arabe imprimé au Caire en 1253 de l'hég. (1837), in-fol. reliure orientale.

> Une note de M. Reinaud relative à cet ouvrage se trouve à la fin du volume.

827. Guide de la conversation arabe, ou Voc. franç.-arabe, par J. Humbert. *Paris,* 1838, in-8, rel.

828. Guide de la conversation arabe, par Delaporte. *Paris,* 1846, in-8, oblong, br.

829. Dialogues arabes, etc., par Berezine. *Saint-Pétersbourg,* 1857, in-8, br.

830. Dialogues arabes à l'usage des fonctionnaires de l'Algérie, par Cherbonneau. *Alger*, 1858, gr. in-8, d.-rel.

831. Cherbonneau. Lecture des manuscrits arabes. 1863. — Traité de la conjugaison arabe. 1854. — Leçons de lecture arabe. 1852. —Elém. de phraséologie française à l'usage des Arabes. 1851 ; 4 vol. in-8 et in-12, br.

832. Principes de l'idiome arabe en usage à Alger, par Delaporte. *Alger*, 1839, in-8, d.-rel.

833. Eléments de la langue algérienne, ou principes de l'arabe vulgaire, par Pihan. *Paris, Impr. nat.*, 1851, in-8, d.-rel.

834. Essai de grammaire kabyle, par Hanoteau. *Alger, s. d.*, in-8, d.-rel.

835. Vestigios da lingoa arabica em Portugal, por J. de Sousa. *Lisboa*, 1830. — Documentos arabicos para a historia portugueza, vertidos em portuguez, por J. de Sousa. *Lisboa*, 1790; 2 ouvr. en 1 vol. pet. in-4, d.-rel.

836. Die Rhetorik der Araber, nebst einem literaturgeschichtlichen Anhange, versehen von Dr Mehren. *Kopenhagen*, 1853, gr. in-8, d. v. fauve.

837. Chrestomathie arabe, ou extraits de divers écrivains arabes, tant en prose qu'en vers, avec une traduction et des notes, par le baron Silvestre de Sacy. *Impr. royale*, 3 vol. gr. in-8, bas.

838. Kosegarten. Chrestomathia arabica. *Lipsiæ*, 1828, in-8, d.-rel.

839. Arabica Chrestomathia, edidit Humbert (vol. 1). *Parisiis, è Typog. regiá*, 1834. — Arabica analecta inedita. 1838; 2 part. in-8, rel.

840. Chrestomathia arabica, conscripta à Georgio Freytag. *Bonnæ*, 1834, in-8, d. v.

841. Chrestomathie arabe vulgaire, par Bresnier; arabe et français. *Alger*, 1846, in-8, d.-rel.

842. Chrestomathia arabica, cum glossario, edidit
Arnold. *Halis*, 1853, 2 tomes en 1 vol. gr. in-8,
d. v. bleu.

843. Chrestomathie arabe, par Bresnier. *Alger*,
1857, in-8, d.-rel. v.

844. Anthologie arabe, par Humbert (de Genève).
Au Caire, 1242 de l'hég. (1826), in-12, cart.

845. Anthologie arabe, ou choix de poésies arabes,
traduites par Grangeret de Lagrange (avec le texte
et des notes). *Impr. royale*, 1828, in-8, cart.

846. Anthologie grammaticale arabe, ou morceaux
choisis de divers grammairiens arabes, avec une
traduction et des notes, par le baron Silvestre de
Sacy. *Impr. royale*, 1829, gr. in-8, bas.

2. Dictionnaires arabes.

847. The Kamoos, or the Ocean, an arabic dictionary by Moohummud Oobno Yakoob. *Calcutta,*
1817, 2 vol. gr. in-4, v. dent.

848. Le Kamous, ou l'Océan, grand dictionnaire
arabe, édition nouvelle. *Imprimé au Caire*, 2 vol.
in-fol., d. v.

849. Le Kamous, en langue turke, édition nouvelle, 3 vol. in-fol., d. ch.

850. Abu Nasri purioris sermonis arabici Thesaurus,
arabicè et lat., ed. Scheidius. *S. a.*, in-4, d.-rel.

851. Asbihi Sibyan, ou le Rosaire des enfants,
petit vocabulaire arabe et turk, par Mohammed
Effendi. *Constantinople*, 1216 (1801), in-8, cart.

852. Samachscharii Lexicon arabicum persicum, ex
codicibus edidit atque indicem arabicum adjecit
God. Welzstein. *Lips.*, 1850, gr. in-4, cart.

853. Lexicon ling. arabicæ in Coranum, Haririum et
vitam Timuri, auctore Joanne Willmet. *Rotero-
dami*, 1784, in-4, d.-rel.

854. W. Freytagii Lexicon arabico-latinum, *Halis Saxonum*, 1830, 4 vol. in-4, d. ch. vert.

Exemplaire imprimé sur grand papier vélin de Hollande.

855. W. Freytagii Lexicon arabico-latinum. *Halis Saxonum*, 1830-37, 4 vol. in-4. bas.

856. Vocabulaire franç.-arabe des dialectes vulgaires africains d'Alger, Tunis, Marok et d'Egypte, par Marcel. *Hingray*, 1834, in-8, bas.

857. Dictionnaire détaillé des noms des vêtements chez les Arabes, par Dozy. *Amsterdam*, 1848, gr. in-8, bas.

858. Dictionnaire arabe-français et français-arabe, par Kasimirski. *Paris*, 1846, 2 vol. gr. in-8 rel.

859. Dictionnaire français-arabe, par Ellious Bocthor, revu et augmenté, par Caussin de Perceval. *Paris, Didot*, 1848, gr. in-8, rel.

860. Dictionnaire arabe, par Germanos Farhat, évêque d'Alep. *Marseille*, 1849, in-4, bas.

861. A Dictionary of the technical terms used in the sciences of the Musulmans, edited by Aloys Sprenger and Nassau Lees. *Printed at N. Lees'press*, 1862, 2 vol. in-4, d. v.

862. Grammaire et Dictionnaire de la langue berbère, composés par Venture de Paradis, revus par Amédée Jaubert. *Paris, Imp. royale*, 1844, in-4, d. v.

863. Dictionnaire français-berbère, dialecte écrit et parlé par les Kabyles de la division d'Alger. *Paris, Impr. royale*, 1844, très-gr. in-8, d. v. ant.

3. Textes arabes.

a. *Le Coran.*

864. Alcorani textus universus, auctore Marraccio. *Patavii*, 1698, 2 vol. in-fol. v. m. tr. dor.

865. Le Koran, texte arabe, imprimé à Casan, *et*. 1819, in-fol. d.-rel.

866. Corani textus arabicus, recensuit Fluegel. *Lips.*, 1834, — Concordantiæ Corani arabicæ, disposuit Fluegel. *Lips.*, 1842, 2 vol. in-4, car‑ tonnés.

867. The Koran, with the commentary of the Iman Al-Zamakhshari, intitled the Kashsaf, edited by Nassau Lees. *Calcutta*, 1856, 2 vol. in-4, d.-rel. v.

868. Commentaire de Beydhavi sur le Koran, avec un Commentaire sur ce commentaire, par Scheikh-Zadé. *Boulac*, 1263 de l'hégire (1847), 4 vol. in-fol., maroq. noir, reliure orientale.

Une note de M. Reinaud sur cet ouvrage se trouve au premier volume.

869. Beidhavii Commentarius in Coranum, ex codi-cibus edidit Fleisher. *Lips.*, 1846-48, 7 livrai-sons in-4, partie reliées, partie brochées.

870. Sojutii liber de interpretibus Korani, arabice editus et annotatione illustratus. *Lugd. Bata-vorum*, 1839, in-4, d.-rel.

871. Alcorani concordantia, arabice. —. Specimen philologicum exhibens conspectum operis Ibn Chalicani de vitis illustrium virorum, quod publicæ diseeptationi committit Fred. Tydeman. *Lugd. Batav.*, 1809, 2 part. en 1 vol. in-4, bas.

872. Concordance complète du Coran, par Mirza-Kazem Bek. *St-Pétersbourg*, 1859, in-fol. cart.

873. Abdu-r-razzaq's Dictionary of the technical terms of the Sufies, edited in the arabic original by Aloys Sprenger. *Calcutta*, 1845, in-8, d.-rel.

874. L'Alcoran de Mahomet, traduit de l'arabe, par Du Ryer. *Amst.*, 1770, 2 vol. in-12, bas.

875. Le Coran, traduit par Savary. — Doctrine et devoirs de la religion musulmane, par M. Garcin de Tassy. *Paris*, 1826, 3 vol. in-18, br.

876. The Koran, commonly called Alcoran of Mohammed, translated into english by G. Sale. *London*, 1734, in-4, rel.

877. The Koran, translated from the arabic, with notes, by Rodwell. *London, Williams and Norg.*, 1861, in-12, cart. n. rogn.

878. L'Alcorano di Macometto, nel qual si contiene la dottrina, la vita, i costumi e le leggi sue, tradotto dall' arabo in lingua italiana, da A. Arrivabene. 1547, pet. in-4, v. m.

879. MISHCAT UL MASABIH, or a collection of the most authentic traditions regarding the actions and sayings of Muhammed, transl. from the original arabic, by capt. Matthews. *Calcutta,* 1809, 2 vol. d.-rel. (*Piqûres.*)

880. Le Recueil des traditions mahométanes, par El Bokhari publié par Krehl (texte arabe). *Leyde, Brill.* 1862, 2 vol. in-4, cartonnés.

881. Machumetis, Saracenorum principis, ejusque successorum vitæ, doctrina et ipse Alcoran, una cum Melanchthonis præmonitione, studio Th. Bibliandri, 1550, in-fol. v. f.

882. Mohammed der Prophet, sein Leben und seine Lehre, von G. Weil. *Stuttgart*, 1843, in-8, d.-rel.

883. The Life of Mahomet and history of Islam to the era of the hegira, by Muir. *London*, 1858, 4 vol. in-8, cartonnés.

884. Geschichte des Qorans, von Noldeke. *Gottingen*, 1860, in-8, d.-rel.—Das Leben Mohammed's, von Noldeke, *Hanover*, 1863, in-12, d.-rel.; — Mohammed, von Geiger. *Bonn*, 1833, in-8, d.-rel.

885. Das Leben und die Lehre des Mahommad, bearbeitet von Sprenger. *Berlin*, 1861, 3 vol. in-8, d.-rel. v. f.

886. Pillar of the creed of the Sunnites, by Abdullah Alnasafi (arabic text), edited by W. Cureton. *London*, 1842, gr. in-8, perc. ·

887. Traité de théologie, en arabe, par Abd-al-Rahman, al Idjy. *Constantinople*, 1263, de l'hég., (1847), in-8, d.-rel.

888. Le livre d'Abd-el-Kader, intitulé : Rappel à l'intelligent, Avis à l'indifférent, traduit par Gustave Dugat. *Duprat*, 1858, in-8, d. v. vert.

889. Definitiones Dschordschani, arabice, accedunt definitiones Ibn Arabi; primum edidit Flugel. *Lipsiæ*, 1845, gr in-8, rel.

890. Philosophus autodidactus, sive epistola Ebn Tophailde Hai Ebn Yokdhan, in quâ ostenditur, quomodo ex inferiorum contemplatione ad superiorum notitiam ratio humana ascendere possit, arabice et lat., edidit Ed. Pococke. *Oxonii*, 1700, pet. in-4, d.-rel.

891. *Ketab-al-Maouakif*, ouvrage arabe, traitant de métaphysique et de théologie. *Constantinople*, 1824, in-fol. mar. noir, reliure orientale.

Une note de la main de M. Reinaud donne des détails sur ce volume.

892. *Kitab alitkán*, par Soyouthy, texte arabe, impr. à Calcutta dans la *Bibliotheca indica,* in-8, d. v. vert.

893. Le Guide des Égarés, traité de théologie et de philosophie, par Moïse ben Maïmoun, dit Maïmonide, publié avec le texte original arabe (transcrit en caractères hébreux) et accompagné d'une traduction française et de notes littéraires et explicatives, par S. Munk. *Paris, Franck,* 1856-66, 3 vol. gr. in-8, br.

894. Maverdii constitutiones politicæ, arabice, ex recensione Max. Engeri; accedunt adnotationes et

glossarium. *Bonnæ*, 1853. — De vitâ et scriptis
Maverdii, scripsit Enger, 1851 ; 2 parties en 1 vol.
in-8, bas.

895. Books of religious and philosophical sects, by
Muhammad al Shahrastani, an arabic text, new
first edited by W. Cureton. *London*, 1846, gr. in-8,
bas.

896. Muhammed Asch-Schahrastani's Religions Par-
theien und Philosophen Schulen, von Theodor
Haarbrucker. *Halle*, 1850, 2 tomes en 1 vol.
in-8. bas.

897. *Tarifat* en arabe, par le seyd Aldjerjany. *Constantinople*, 1253 (1837), in-8, maroq. br.

898. Traité de la religion des Nossaïriens, en arabe,
par Soleyman Effendi. *Beyrout*, in-12, cart.

Un second exemplaire sous le même numéro.

899. Solwan el Mota ; ossiano conforti politici di
Ibn Zafer, versione latina di Mich. Amari. *Firenze*,
1851, in-12, bas.

900. Selecta quædam ex sententiis et proverbiis
arabicis ab Erpenio editis, cum versione latina
edidit Ev. Scheidius. *Hardeavici*, 1775, in-4,
d.-rel.

901. Essai sur les écoles philosophiques chez les
Arabes, par Aug. Schmœlders. *F. Didot*, 1842,
in-8, bas. — Documenta philosophiæ Arabum,
arab. et lat., commentario illustravit A. Schmœlders. *Bonnæ*, 1836, in-8, d.-rel.

902. Traité d'arithmétique. par Ali, fils de Moham-
med-al-Calsâde, in-4, d.-rel.

Manuscrit moderne en arabe.

903. L'Algèbre d'Omar Alkhayyami, arabe et français, publiée, trad. et accompagnée d'extraits de
manuscr. inédits par Woepcke. *Paris*, 1851, gr.
in-8 rel.

904. *Khelasat-al-hisab*. Essence du calcul, par Mohammed Beha-eddin, publiée en arabe et en alle-

mand, par Nesselmann. *Berlin*, 1843. — Le même ouvrage traduit de l'allemand en français, par Aristide Marre. — Le tout en un vol. in-8, d.-rel.

905. Muhammedis Ketiri filius, qui vulgò Alfraganus dicitur, elementa astronomica, arab. et lat., edidit. Golius. *Amstelod.*, 1669, pet. in-4, v. br.

906. Mémoire sur l'observatoire de Méragah, suivi d'une notice sur la vie et les ouvrages de Nassyr-Eddyn, par A. Jourdain. *Paris*, 1810. — La Colombe messagère, par Michel Sabbagh, 1805. — Makrisi. Traité des monnaies et des poids et mesures des musulmans, trad. de l'arabe, par Silvestre de Sacy. 1797 et 1799. — 4 part. reliées en 1 vol. in-8,

907. Messahalæ, inter Arabas astrologi, libri tres. *Norimb.*, 1549, in-4, parch.

908. Deux Almanachs en arabe pour les années 1250 et 1259 de l'hégire, imprimés au Kaire. 2 vol. in-18, br. et rel.

909. Traité des instruments astronomiques des Arabes, par Aboul-Hassan-Ali, de Maroc, trad. de l'arabe par M. Sédillot. *Paris, Impr. royale*, 1834. 2 tomes en 1 vol. in-4, fig. bas.

910. Prolégomènes des tables astronomiques d'Oloug-Beg, texte arabe, avec une traduction et des notes, par M. Sédillot. *Paris, F. Didot*, 1847-53, 2 vol. gr. in-8, d.-rel.

911. *Meschari-Alachonæ*. Traité de la guerre à faire aux infidèles, en arabe. In-8, d.-rel.

912. J.-J. Reiske. Opuscula medica ex monumentis Arabum et Hebræorum. *Halæ*, 1776, in-8, rel. n. rogn.

913. Alii ben Isa monitorii oculariorum, ex eod. arab. lat. redditi specimen, præmissa de medicis arabibus oculariis dissertatione, edidit Car. Aug. Hille. *Dresdæ*, 1845, gr. in-8, cartonné.

914. A Treatise on the small-pox and measles, by Rhazes, translated from the original arabic, by Greenhill. *London*, 1848, in-8, cartonné.

915. Libro de agricultura, su autor Abu Zaccharia Jahia, traducido por don Banqueri. *Madrid*, 1802, 2 vol. in-fol. rel.

> Arabe et espagnol.

916. Le Livre de l'agriculture d'Ibn-al-Awam (Kitab-al-Felahah), trad. de l'arabe par Clément Mullet. *Paris, Franck*, 1864-67, 2 tomes en 3 vol. in-8, br.

c. *Littérature.*

917. Darstellung der arabischen Verkunst, von Freytag. *Bonn*, 1830, gr. in-8, d.-rel.

918. Ueber die sudarabische Sage, von Alfr. von Kremer. *Leipzig*, 1866, in-8, br.

919. Das hohe Lied der Liebe der Araber, von Hammer-Purgstall. *Wien*, 1854, gr. in-8, d.-rel.

920. Carminum Abulfaragii specimen, arab. et lat., nunc primun edidit Ph. Wolf. *Lips.*, 1834, in-4, cart. — Variæ lectiones ad Albufaragium, è codice Parisiensi collectæ; Dissertatio critica. *Regim. Prussorum*, in-8, br.

921. Fructus imperatorum et jocatio ingeniosorum, autore Ahmede filio Mohammedis, notis instruxit G. Freytag. *Bonnæ*, 1832-52, 2 tomes en 1 vol. in-4, bas.

922. Alii Ispahanensis liber Cantilenarum magnus, arabice et lat., editus à Kosegarten. *Gripesvoldiæ*, 1840, in-4, d.-rel. v. f.

> La partie latine s'arrête à la page 336.

923. Poésies du khalife Ali, en arabe, avec des gloses en turk. *Au Kaire*, 1251 de l'hég. (1835), gr. in-8, cartonné.

924. Ali ben Abi Talebi carmina, arab. et lat., notis illustravit Gerardus Kuypers. *Lugd Batav.*, 1745, in-8, d.-rel.

925. Ali's hundert Sprüche, arabisch und persisch paraphrasirt, von Reschideddin Watwat; herausgg. von Fleischer. *Leipzig*, 1837, in-4, d.-rel.

926. Diwan, ou recueil des poésies d'Almotenebby, publié par Botros Albostany (texte arabe). *Beyrout*, 1860, in-8, br.

927. Amrulkeisi Moallakah, cum scholiis Zuzenii, arab. et latin., edidit Heugstenberg. *Bonnæ*, 1823, in-4, d.-rel.

928. Le Diwan d'Amrolkaïs, accompagné d'une traduction et de notes, par le baron de Slane. *Paris, Impr. royale*, 1837, in-4, d.-rel.

929. Extraits du Roman d'Antar, texte arabe. *Paris*, 1841, in-8, d.-rel. v.

930. Antaræ poema arabicum Moallakah, arab. et lat., edidit Menil. *Lugd. Bat.*, 1816, in-4, cart.

931. Les Oiseaux et les Fleurs, allégories morales d'Azz-Eddin Elmocadessi, publiées en arabe, avec une traduction et des notes, par M. Garcin de Tassy. *Paris, Impr. royale*, 1821. — Exposition de la foi musulmane par le même, 1822. — 2 ouv. en 1 vol. in-8, bas.

932. Kalila et Dimna, texte arabe imprimé au Caire, en 1251 de l'hégire, in-fol. bas.

933. Calila et Dimna, ou fables de Bidpai en arabe, suivi de la Moallakah de Lebid en arabe et en français, par Silvestre de Sacy. *Paris, Impr. roy.*, 1816. in-4, rel.

934. Contes et fables indiennes de Bidpaï et de Lokmann, trad. par Galland et Cardonne. *Paris*, 1778, 3 vol. in-12, d.-rel.

935. Carmen mysticum Borda dictum, arabice et latine, *Traj. Batav.*, 1771. — Anthologia senten-

tiarum arabicarum, arab. et lat., cum sch., edidit Schultens. *Lugd. Batav.*, 1772. — 2 ouvr. en 1 vol. pet. in-4, d.-rel.

936. Borhan-Ed-dini Es-Sernudji Enchiridion studiosi, arabice et lat., ed. Carolus Caspari. *Lipsiæ*, 1838, in-4, d.-rel.

937. Caabi ben Sohair, carmen in laudem Muhammedis dictum, arab. et lat., ed. Freytag. *Halæ*, 1823, in-4, d.-rel.

938. Faris el Chidiac. La Vie et les aventures de Fariac, relation de ses voyages, avec des observations critiques sur les Arabes et autres peuples (texte arabe). *Paris, Duprat,* 1855, gr. in-8, d.-rel.

939. Ichwan-oss Suffa, in the original arabic, revised by Sheikh Ahmud. *Calcutta,* 1812, gr. in-8, d. cuir de Russie.

940. Hachiah, ou gloses de Mohammed, fils d'Aly Assaban, sur l'ouvrage d'Alochmouney. 3 vol. pet. in-fol. impr. au Caire. Maroq. noir, reliure orientale.

941. Hamasæ carmina, arabice et latine, ed. Freytag. *Bonnæ*, 1828-47, 3 vol. in-4, rel.

942. Hamasa, oder die ældtesten arabischen Volkslieder, gesammelt von Abu Temman, übertsetzt von Fr. Ruckert. *Stuttgard,* 1846, 2 vol. in-8, pap. vélin, d.-rel.

943. Harethi Moallaca cum scholiis Zuzenii, arab. et lat., edidit Vullers. *Bonnæ*, 1827, in-4, cart.

944. Haririi sex priores concessus, arab. et lat., notis illustrati ab Alb. Schultens, *Franequeræ,* 1731-40, 2 part. en 1 vol. pet. in-4, d.-rel.

945. Séances de Hariri, avec un commentaire en arabe, imprimé au Caire en 1850, in-4, bas.

946. Les Séances de Hariri, publiées en arabe avec un commentaire choisi, par le baron de Sacy.

Paris, Impr. royale, 1822, 2 parties en 1 vol. in-fol., bas.

Nombreuses notes marginales au crayon, de la main de M. Reinaud.

947. Les Séances de Hariri, publiées en arabe, avec un commentaire choisi, par le baron Silvestre de Sacy. *Paris, I. R.*, 1822, in-fol, d.-rel.

948. Les Séances de Hariri, publiées en arabe, avec un commentaire par Silvestre de Sacy; deuxième édition, augmentée d'un choix de notes historiques et explicatives, par MM. Reinaud et Derenbourg. *Paris. Impr. royale*, 1847-53, 2 vol. in-4, pap vélin, bas.

949. Haririi narrationes sex priores, ex arabico in latinum vertit Sam. Peiper. *Cervimontii*, 1832, in-4, d.-rel.

950. Die Verwandlungen des Abu Seid von Serug, oder die Makamen des Hariri, von Friedr. Ruckert. *Stuttgard,* 1844, 2 part. en 1 vol. in-8, bas.

951. Makamat, or rhetorical anecdotes of Al Hariri of Basra, translated from the original arabic, with annotations, by Theod. Preston. *London,* 1850, gr. in-8, cart. en percaline.

952. The Hudsailian poems, contained in the manuscrit of Leyden, edited in arabic, and translated by Kosegarten. *London,* 1854, gr. in-4, d.-rel.

Ce volume contient la première partie du texte arabe.

953. The Hudsailian poems, edited in arabic, by Kosegarten (vol. 1). *London,* 1854, in-4, cart.

954. Prolegomena ad editionem Ibn-Abduni poematis in Aphtasidarum interitum, scripsit Marinus Hooguliet. *Lugd. Batav.*, 1839, in-4, br.

955. Commentaire historique sur le poëme d'Ibn-Abdoun, par Ibn-Badroun; texte arabe, publié avec une introd. et des notes, par R. Dozy. *Leyde,* 1846, in-8, d.-rel.

956. Prolegomena ad editionem duarum Ibn Zei-
douni epistolarum et comment. quibus ab Ibn
Nabata et Safadio singulæ illustratæ sunt, scripsit
Weyers. *Lugd. Batav.*, 1831, in-4, br.

957. Homonyma, inter nomina relativa, auctore
Ibnol Kaisarani, arabice edidit P. de Jong. *Lugd.
Bat.*, *Brill*, 1865, in-8, br.

958. *Kassydeh Misryeh*, poëme arabe. *Imprimé à
Boulak en* 1272 *de l'hégire*, in-8, cart.

Trois éditions différentes sous la même date.

959. Locmanni fabulæ, arab., notis et glossario
explanatæ ab Æmilio Rœdiger. *Halis Sax.*, 1830,
in-4, d.-rel. — Les mêmes fables, traduites par
M. Derenbourg. *Berlin*, 1850, in-8, d.-rel.

960. Fables de Lokman, texte arabe et traduction
juxta-linéaire, par M. Cherbonneau. *Paris, Imprimerie royale*, 1846, in-12, d.-rel.

961. Arabum proverbia, arabice; latine vertit et
commentario illustravit W. Freytag (Meidanii
proverbia et sententiæ proverbiales ex pluribus
scriptoribus collecta). *Bonnæ ad Rhenum*, 1838-
1843, 3 vol. in-8, bas.

962. Les Mille et une Nuits, en arabe, texte publié
par Habicht. *Breslau*, 1825-43, 12 vol. in-12, br.

Manque le tome IX.

963. Les Mille et une Nuits, en arabe. *Au Caire*,
1251 de l'hégire (1835), 2 vol. in-fol., maroq. noir,
rel. orientale.

C'est sur cette rédaction qu'a été faite la version angl. de M. Lane.
(*Note de M. Reinaud.*)

964. Les Mille et une Nuits, contes arabes, traduits
par Galland, nouvelle édition augmentée, par
Edouard Gauttier. *Paris, Collin de Plancy*, 1822,
7 vol. in-8, bas.

965. Contes arabes publiés par M. Cherbonneau :
Les Fourberies de Delilah, 1856 ; — Hist. de Nour-

Eddine, 1853; — Djouder le Pêcheur, 1853; — Le Pêcheur et le Génie, texte arabe, autogr. par Combarel. 1857, 4 vol. in-12, br.

966. The Thousand and one Nights, translated from the arabic, with notes, by W. Lane. *London*, 1840, 3 vol. gr. in-8, cart. en percaline, fig. sur bois, d'après les dessins de Harvey.

967. Contes inédits des Mille et une Nuits, extraits de l'original arabe, par M. de Hammer, et traduits par Trébutien. *Paris,* 1828, 3 vol. in-8, d.-rel.

968. Septem Moallakat, carmina antiquissima Arabum, textum recensuit Arnold. *Lipsiæ*, 1850, in-4. — Amrilkaïsi carmen, primus edidit Arnold. *Halæ*, 1836, 2 part. en 1 vol. in-4, rel.

969. Les Sept Moallaka. *Impr. à Calcutta en* 1823, gr. in-8, d. v.

970. Contes du cheykh El Mohdy, traduits de l'arabe, par Marcel. *Paris*, 1832, 3 vol. in-8, d.-rel.

971. Mutanabbii carmina, cum commentario Wahidii, arabice, primum edidit Dieterici. *Berolini*, 1861, gr. in-4, d.-rel. v. f.

972. Nasif el Yazigy's Makamas Majma ul Bahrain (arabice). (Les Séances de Nassif el Yazigy). *Beyrout*, 1856, in-8, d.-rel. v. f.

973. Epistola critica Nasifi al Yazigi Berytensis ad Sacyum, arabice et lat.; adnotationibus illustravit et indicem addidit A. F. Mehren. *Lips.*, 1848, in-8, d.-rel.

974. Le Diwan du cheik Omar Ibn-el-Faredh, texte arabe, publié par l'abbé Bargès. *Paris*, 1855, gr. in-8, d.-rel.

975. Relation du séjour du scheikh Refaa en France, texte arabe. *Impr. au Caire, en* 1250 *de l'hég.* (1834), in-4, d.-rel.

976. Taalibii syntagma, arabice et lat., edidit Valeton. *Lugd. Bat.*, 1844, in-4, d.-rel.

977. Carmen Tograi, arab. et lat., operâ Eduardi Pococke, accessit tractatus de prosodiâ latinâ. *Oxonii*, 1661, pet. in-8, v. br.

978. Poema Tograi, ex versione latinâ J. Golii, cum scholiis, curante Henrico Van der Sloot. *Franequeræ*, 1769, pet. in-4, v. fil.

979. Tusy's list of Shy' ah books and Alam alhoda's notes on Shy' ah biography, edited by Sprenger. *Calcutta*, 1855, gr. in-8, d. v. fauve.

980. Textes arabes, opuscules sur les Arabes et sur l'Arabie, par Barb, Vilmar, Broch, Leclerc, Dieterici, Khrel, etc. Environ 60 brochures in-4 et in-8.

    Collection importante.

981. Analecta arabica, latine vertit et illustravit C. Rosenmuller. *Lips.*, 1825-28, 3 part. en 1 vol. pet. in-4, bas.

982. Opuscula arabica, collecta a Wright. *Leyden*, *Brill*, 1859, in-8, br.

983. Fragmenta arabica, ex codicibus Parisinis edidit Henzius. *Petropoli*, 1828, in-8, d. v.

984. Inscripciones arabes de Grenada, por Emilio Lafuente y Alcantara. *Madrid*, 1860, gr. in-8, br.

985. Recueil de formules, de lettres et actes en tous genres, en arabe. *Imprimé au Caire*, in-8, d.-rel.

986. Traité de correspondance, en arabe. *Imprimé au Caire en* 1827, in-8, d.-rel.

987. Anecdotes musulmanes, texte arabe, suivi d'un dictionnaire analytique, par Cherbonneau. *Paris*, 1847, in-8, d.-rel.

988. Le Collier d'or, texte arabe, publié par l'abbé Bourgade. *Paris*, 1864, gr. in-8, br.

989. Die von Medina auslaufenden Hauptstrassen, nach arabisch, von Wustenfeld. *Gottingen*, 1862, in-4, br.

d. *Géographie, Voyages.*

990. Géographie d'Aboulféda, en arabe. Édition lithographiée publiée à Dresde, par M. Schier. 1840, 1ʳᵉ livraison, in-fol. br. — Abulféda. Description de l'Arabie, en arabe et en latin; commencement d'une édition entreprise par Gagnier, à Oxford, en 1740, et restée inachevée. 72 pages in-fol., d.-rel.

991. Géographie d'Aboulféda, texte arabe, publié par MM. Reinaud et Mac Guckin de Slane. *Paris, Imprimerie royale*, 1848, in-4, v. rac.

992. Géographie d'Alboulféda, traduite de l'arabe, par M. Reinaud. *Paris, Impr. nat.*, 1848, tome 1 et la 1ʳᵉ partie du tome 2, 2 vol. in-4, br. *Cartes*.

993. Géographie d'Aboulféda, trad. de l'arabe en français, par M. Reinaud. *Paris*, 1848, tome 1ᵉʳ, in-4, d.-rel. et la 2ᵉ part. du tome 2ᵉ br.

Notes au crayon de la main de M. Reinaud.

994. Abulfedæ tabulæ quædam geographicæ, arab. edidit, lat. vertit et notis illustravit Ferd. Wustenfeld. *Gottingæ*, 1835, in-8, d.-rel.

995. Albulfedæ tabula Syriæ, arab. edidit, lat. vertit et notis explanavit B. Kœhler. *Lips.*, 1766, in-4, d.-rel.

996. Christofori Rommel Abulfedæ arabiæ descriptio, commentario perpetuo illustrata. *Gottingæ*, 1802, in-4, d.-rel.

997. Description des pays du Magreb, texte arabe d'Afoulféda, accompagné d'une traduction française et de notes, par Solvet. *Alger*, 1839, in-8, d.-rel.

998. Description de l'Afrique septentrionale, par Abou-Obeid-el-Bekri, texte arabe, publié par le baron de Slane. *Alger*, 1857. — Le même ouvrage, traduit. *Impr. impériale*, 1859, 2 parties en 1 vol. in-8, d. v. br.

999. Liber climatum, auctore Abu-Ishako-el-Faresi, ad similitudinem codicis Gothani accuratissime delineandum et lapidibus exprimendum curavit J. H. Moeller. *Gothæ*, 1839, in-4, cartonné. *Figures coloriées.*

1000. Il Segistan, ovvero il Corso del fiume Hindmend, secundo Abu Ishak el Faresi, geografo arabo. *Milano*, 1842, 22 pp. et une carte orientale.

1001. Specimen e litteris orientalibus exhibens majorem partem libri As-Sojuti de nominibus relativis, arabice editum à Joanne Veth. *Lugd. Batav.*, 1840. — Ejusdem Supplementum annotationis in librum de nominibus relativis. *Lugd. Batav.*, *apud Brill*, 1851, 2 part. en 1 vol. in-4, bas.

1002. Az-Zamaksarii lexicon geographicum, arab., nunc primum edidit Salverda de Grave. *Lugd.-Batav., apud J. Brill*, 1856, in-8, d. v. bleu.

1003. Cosmographie de Chems Eddin Abou Abdallah Mohammed-ed-Dimichqui, texte arabe publié d'après l'édition commencée par M. Fraehn et d'après les Mss. de Saint-Pétersbourg, Paris, Leyde et Copenhague, par M. Mehren. *Saint-Pétersbourg*, 1866, in-fol. br.

1004. El Cazwini. Kosmographie, herausgegeben von Wustenfeld (tome Ier). *Gottingen*, 1849, in-8, rel.

1005. Description de l'Afrique et de l'Espagne, par Edrisi, texte arabe, d'après les Mss. de Paris et d'Oxford, avec une traduction, des notes et un glossaire, par R. Dozy et de Goeje. *Leyde, Brill*, 1866, gr. in-8, br.

1006. Edrisii Africa, curavit Hartmann. *Gottingæ*, 1796, in-8, br.

1007. De Geographia universali. Hortulus mirè orbis regiones, provincias, insulas, urbes describens. Textus arabicus. *Romæ*, 1592, pel. in-4, bas.

> Abrégé de la géographie d'Edrisi, d'après un manuscrit de la Bibliothèque royale.

1008. Extraits du Traité de géographie d'Edrisi, d'après les deux manuscrits de la bibliothèque d'Oxford, et collection de quelques passages des deux manuscrits, par le rév. G.-C. Renouard, qui avait entrepris une édition du texte arabe, avec une version anglaise. 2 vol. in-4, d. mar. r.

1009. Géographie d'Edrisi, traduite de l'arabe, et accompagnée de notes, par Amédée Jaubert. *Paris, Impr. royale*, 1836-40, 2 vol. in-4, d.-rel.

1010. Jacut's moschtarik, das ist : Lexicon geographischer Homonyme, herausgg. von Ferd. Wuestenfeld. *Göttingen*, 1846, in-8, bas. (*Texte arabe.*)

1011. Jacut's geogr. Wörterbuch, aus den Handschriften zu Berlin, Petersburg und Paris, herausgg. von Ferd. Wüstenfeld. *Leipzig*, 1866, 2 vol. in-8, brochés.

> Ce sont les deux premières parties du texte arabe de cet ouvrage.

1012. Iracæ persicæ descriptio, arabice edidit, versione latina et annotatione critica instruxit J. Uylenbroch. *Lugd. Batav.*, 1822, in-4, d.-rel.

1013. J. de Goeje. Descriptio al Magribi, sumpta ex libro regionum al Jacubii. *Lugd. Bat., Brill*, 1860, in-8, br. — Liber regionum, arabice edidit Juynboll. *Lugd. Bat., Brill*, 1861, in-8, br.

1014. Fragmentum libri Margarita mirabilium, auctore Ibn-el-Vardi; arab. edidit et lat. vertit Joh. Tornberg. *Upsaliæ*, 1835, in-8, d.-rel.

1015. Description de Palerme au milieu du x⁰ siècle, par Ebn-Haucal, traduit par Michel Amari.
Impr. royale, 1845, in-8, d.-rel.

1016. Le Livre des routes et des provinces d'Ibn
Khordadbeh, texte arabe, publié et traduit par
M. Barbier de Meynard. *Paris, Impr. imp.*, 1865,
in-8, br.

1017. Lexicon geographicum, e duobus codicibus
nunc primum arabice edidit J. Juynboll. *Lugd.
Batav., apud J. Brill,* 1852-64, 6 tomes en 4 vol.
in-8, d. v. bleu.

1018. Muhammed el Cazwinis Kosmographie, aus
den Handschriften der Bibliotheken zu Berlin,
Gotha und Leyden, herausgg. von Ferd. Wuestenfeld. *Gottingen*, 1848, in-8, bas. (*Texte
arabe.*)

1019. Mémoires d'histoire et de géographie orientale, par J. de Goeje. *Leyde,* 1864, 3 p. in-8, br.

1020. Abdollatiphi Compendium Ægypti, arabice,
edidit J. White. *Tubingæ,* 1789, in-8, d.-rel.

1021. Relation de l'Égypte, par Abd-Allatif, traduite
et enrichie de notes historiques et critiques, par
M. Silvestre de Sacy. *Impr. impér.*, 1810, in-4, bas.

1022. Abu Dolef ben Mohalhal de itinere asiatico
commentarium, nunc primum edidit Kurd de
Schlœser, arab. et lat. *Berolini,* 1845, in-4, pap.
vélin, cartonné.

1023. Des Peuples du Caucase, dans le x⁰ siècle,
ou Voyage d'Abou-El-Cassim, par C. d'Ohsson.
Paris, F. Didot, 1828, in-8, d.-rel.

1024. Voyages du scheikh El-Tidjani, en 706, 707
et 708 de l'hégire, trad. de l'arabe, par Alphonse
Rousseau. *Impr. impér.*, 1853, gr. in-8, d. v.
rouge.

1025. Voyages d'Ibn Batoutah, texte arabe, accompagné d'une traduction, par C. Defrémery et le

Dr Sanguinetti. *Paris , Impr. impér.*, 1853-58, 4 vol. in-8, d. v. rouge.

1026. The Travels of Ibn Batuta, translated from the abridged arabic Mss. copies preserved in the public library of Cambridge, with notes by S. Lee. *London,* 1829, in-4, d.-rel.

1027. Voyage en Sicile de Mohammed Ibn Djobaïr, texte arabe, et trad., par Amari. *Paris, Impr. royale,* 1846, in-8, d.-rel.

1028. The Travels of Ibn Jobaïr, edited from a ms. in the university library of Leyden, by Wright. *Leyden, Brill,* 1852, in-8, bas.

1029. Voyage au Darfour, par le cheykh Mohammed Ebn-Omar, trad, de l'arabe, par Perron. *Paris, Duprat,* 1845, gr. in-8, portr. et carte, d. v.

1030. Voyage au Ouaday, par le cheykh Mohammed Ibn Omar el Tounsy, traduit de l'arabe par Perron. *Paris,* 1851, gr. in-8, fig. bas.

1031. Relations des voyages faits par les Arabes et les Persans dans l'Inde et la Chine ; texte arabe et traduction, publiés par M. Reinaud. *Paris,* 1845, 2 vol. in-18, papier vélin, v. gaufré.

1032. Relation des voyages faits par les Arabes et Persans dans l'Inde et à la Chine, arabe et franç., publ. par M. Reinaud. *Paris,* 1845, 2 vol. petit in-12, br. (*Notes manuscr. au crayon par M. Reinaud.*)

e. *Historiens.*

1033. Abulfathi Annales Samaritani, arab., quos edidit Vilmar. *Gothæ,* 1865, in-8, br.

1034. ABULFEDÆ ANNALES MUSLEMICI, arabice et latine, opera et studiis Reiskii, edidit Adler, sumptibus et auspiciis Frid. Suhmii. *Hafniæ,* 1789 à 1794, 5 vol. in-4, v. m. fil.

1035. Historia imperii Joctanidarum in Arabia felice ex Abulfeda, etc., arab. et lat., edidit Alb. Schultens. *Hardevorici-Gelrorum,* 1786, pet. in-4, d.-rel.

1036. Specimen historiæ Arabum, auctore Ed. Pocockio ; accessit Historia veterum Arabum ex Abulfeda, cura Antonii Silvestre de Sacy; edidit Josephus White. *Oxonii,* 1806, in-4, cartonné en perc.

1037. Friderici Wilken commentatio de bellorum cruciatorum, ex Abulfedæ Historia. *Gottingæ.* — Abul Abbasi Ahmedis vita et res gestæ. *Lugd. Batav.,* 1825. — 2 ouvr. en 1 vol. in-4, d.-rel.

1038. Abulfedæ Historia anteislamica, arabice edidit, versione latina, notis et indicibus auxit H. Fleischer. *Lips.,* 1831, in-4, d.-rel.

1039. Abu Bekr Muhammed ben el Hasan Ibn Doreid's geneal.-etymol. Handbuch, herausgg. von Ferd. Wuestenfeld. *Goettingen,* 1854, gr. in-8, d. v. fauve. (*Texte arabe.*)

1040. Abul Mahasin Ibn Tagri annales, e codicibus Mss. nunc primum arabice editi, ediderunt Juynboll et Matthei. *Lugd. Batav., apud J. Brill,* 1855-1861, 2 vol. gr. in-8, pap. vélin, maroq. r. tr. d.

1041. Specimen historiæ Arabum, sive Abul Faragii de origine et moribus Arabum narratio, arab. et lat., studio Eduardi Pococke. *Oxoniæ,* 1850, pet. in-4, d.-rel.

1042. Historia orientalis, auctore Abul Pharagio, arabice edita et latine versa ab Ed. Pocockio. *Oxoniæ,* 1672, 2 vol. pet. in-4, v. br.

1043. The History of the Almohades by Abdo'l wahid al Marrekoshi, edited by Dozy. *Leyden,* 1847, in-8, bas.

1044. The Fotoah al Sham, being an account of the moslim conquests in Syria, by Abou Mohammed

Abd-Allah, edited by Lees. *Calcutta*, 1834, in-8,
d. v. ant.

1045. Annales regum Mauritaniæ ab Abul-Mo-
hammed Salih conscr., arabice et latine, edidit
J. Tornberg. *Upsaliæ,* 1843-46. 2 tom. en 1 vol.
in-4, bas.

1046. Historia dos soberanos mohametanos que rei-
narão na Mauritania, escripta em arabe por Abn
Mohammed Assaleh, e traduzida por Moura. *Lisboa*, 1828, in-4, rel.

1047. Taberistanensis, id est : Abu-Mohammed-Ben-
Dcherir Ettaberi annales regum atque legatorum
Dei, arabicè edidit et in latinum transtulit Lu-
dov. Kosegarten. *Gryphisvaldiæ,* 1831-53, 2 tomes en 1 vol. in-4, d.-rel., et le 3ᵉ br.

1048. Historia Jacobitarum, seu Coptorum, opera
Abudacni, vulgavit Havercampus. *Lugd. Bat.,*
1740, in-8, d.-rel.

1049. Ahmedis Arabsiadæ vitæ Timuri qui vulgò
Tamerlanes dicitur, historia, latine vertit et adnotationes adjecit S. H. Manger. *Leovardiæ,* 1767-
1772, 2 tom. en 3 vol. pet. in-4, cart. n. r.
Exemplaire interfolié.

1050. Akbar alayân djebel Loubnàn. Histoire du
Liban, en arabe. *Beyrout,* 1856, in-8, d.-rel.

1051. Liber expugnationis regionum, auctore Dja-
bir al-Beladsori arabice; ex codicibus edidit J. de
Goeje. *Lugd. Batav., Brill,* 1863-66, 3 parties
in-4, br.

1052. Biblioteca arabo-sicula, ossia raccolta di testi
arabici che toccano la Sicilia, pubbl. da M. Amari.
Lipsia, 1857, in-8, d.-rel. mar.

1053. I Diplomi arabi del R. Archivio Fiorentino.
In Firenze, 1863, in-fol. cart.

1054. Die Israeliten zu Mekka, von Davids Zeit, von
Dozy. *Leipzig,* 1864, in-8, br.

1055. Historia Saracenica, arabicè olim exarata à G. Elmacino et latinè reddita ab Erpenio. *Lugd. Batav.*, 1625, in-fol. d. maroq. vert.

1056. Eutychii patriarchæ Alexandrini annales, edidit Pococke, arab. et lat. *Oxoniæ*, 1658, 2 vol. in-4, v. fil.

Exemplaire de la bibliothèque de la Malmaison.

1057. Hamzæ Ispahanensis annalium libri decem, arabice et latine, edidit Gosswaldt. *Lips.*, 1844-48, 2 vol. pet. in-8, rel. et br.

1058. Histoire de l'Afrique intitulée Al Bayano 'l mo-grib, par Ibn Adhari (de Maroc) et fragments de la chronique d'Arib (de Cordoue), le tout publié par Dozy (en arabe). *Leyde, Brill*, 1848-51, 2 vol. in-8, bas.

1059. Ibn Coteiba's Handbuch der Geschichte, aus der Handschriften der Bibliothek zu Wien, he-rausgg. von Ferd. Wuestenfeld. *Gœttingen*, 1850, gr. in-8, bas.

1060. Ibn-el-Athiri. Chronicon quod perfectissimum inscribitur, ad fidem codicum edidit Joh. Torn-berg. *Lugd. Batav. et Lipsiæ, Weigel et Brill*, 1851 à 1867, vol. 1 et 7 à 12, 6 vol. in-8, br.

1061. Elfachri. Geschichte der islamischen Reiche, von Ibn Etthiqthaqa, arabisch, herausgg. von Ahlwardt. *Gotha*, 1860, in-8, d. v. fauve.

1062. Ibn Föszlan's und anderer araber Berichte ueber die Russen alterer Zeit (text. und uebersetzung) mit Anmerkungen von Dr Fraehn. *St-Pe-tersbourg*, 1823, in 4, d. v.

1063. Histoire des Berbères et des dynasties musul-manes de l'Afrique septentrionale, par Ibn Khal-doun, publiée par M. Mac Guckin de Slane. (Texte arabe.) *Alger*, 1847, 2 vol. in-4, bas.

1064. Histoire des Berbères et des dynasties musul-manes de l'Afrique septentrionale, par Ibn Khal-

doun, trad. de l'arabe par M. le B. de Slane. *Alger*, 1852, 4 vol. in-8, d.-rel.

1065. Histoire de l'Afrique sous la dynastie des Eyoubites et de la Sicile sous la domination musulmane, texte arabe d'Ebn-Khaldoun, accompagné d'une traduction et de notes, par A. Noel des Vergers. *Paris, F. Didot*, 1841, gr. in-8, d.-rel.

1066. Histoire des anciens Arabes, extraite du texte arabe d'Ibn Khaldoun, d'après les mss. de la Bibliothèque royale, par l'abbé Arri, de Turin. *Paris, F. Didot,* 1839, in-4, d.-rel.

> Interrompu par la mort de l'abbé Arri. (*Note de M. Reinaud.*)

1067. El-Maçudi's historical encyclopædia, entitled « Meadows of gold », translated from the arabic by Sprenger. *London*, 1841, in-8, cart. tome I.

1068. Maçoudi. Les Prairies d'or, texte arabe et traduction, par MM. Barbier de Meynard et Pavet de Courteille. *Paris, Impr. impér.*, 1861-65, 4 vol. in-8, br.

1069. El Makkari. Arabes éminents en Espagne. *Boulaq*, 1279 de l'hég., 4 tomes en 3 vol. in-4, d.-rel. mar.

> Texte arabe très-bien imprimé sous la direction de Abder-Rhaman Rouchdy, dont une lettre d'envoi se trouve au tome I.

1070. Analectes sur l'histoire et la littérature des Arabes d'Espagne, par Al Makkari, publiés par Dozy, Dugat, Krehl et Wright. *Leyde*, 1855-1861, 5 parties in-4, cartonnées.

> Texte arabe, très-belle publication.

1071. The History of the Mohammedan dynasties in Spain extracted from Al Makkari, by Pascual de Gayangos. *London*, 1840, 2 vol. in-4, rel.

1072. Description géogr. et historique de l'Égypte, par Makrizi, texte arabe impr. au Caire en 1852, 2 vol. in-fol., d.-rel.

1073. Histoire des Sultans mamlouks de l'Égypte, écrite en arabe par Makrizi et traduite par M. Quatremère. *Paris, F. Didot,* 1837-42, 2 vol. in-4, d.-rel.

1074. Macrizi's Geschichte der Copten, mit Ueberset-zung und Anmerk. von Ferd. Wüstenfeld (texte arabe et version allemande). *Gœttingen,* 1845, in-4, cartonné.

1075. Hamaker, Commentatio ad locum Al-Makrisii de expeditionibus à Græcis Francisque adversus Dimyatham susceptis, ar. et lat., 1823, in-4, d.-rel.

1076. Macrizii historia regum islamiticorum in Abys-siniâ, latine. — Abulfedæ descriptio regionum nigritarum, arabice. *Lugd. Batav.,* 1790, pet. in-4, d. ch.

1077. Maured Allatafet Jemalledini filii Togri-Bardii, seu rerum Ægyptiacarum annales ab anno 971, usque ad annum 1453, arab. et lat., notis illus-travit J. Carlyle. *Cantabr.,* 1762, in-4, cart.

1078. Monumenta antiquissimæ historiæ Arabum, collegit Eichorn. *Gothæ,* 1775, in-8, d.-rel.

1079. *Otby's Tarykh Yamyny,* or the history of sultan Mahmud of Ghaznah, by a contemporary, edited in the original arabic, by A. Sprenger (texte arabe lithographié). *Delhi,* 1847, in-fol., v. ant. fil.

1080. *Rondh-el-Kartas.* Hist. des Souverains du Ma-ghreb (Espagne et Maroc) et annales de la ville de Fez; traduction de l'arabe par Baumier. *Impr. impér.,* 1860, gr. in-8, d. v. vert.

1081. Vita et res gestæ sultani Saladini, auctore Sjeddani, arab. et lat., edidit Schultens. *Lugd. Bat.,* 1732, in-fol., rel.

1082. Tarikh-i Asham. Récit de l'expédition de Mir-Djumlah au pays d'Assam, traduit par Th. Pavie. *Paris, Duprat,* 1845, gr. in 8, d.-rel.

1083. Tohfut-ul-Mujahideen, an historical work in the arabic language, translated by Rewlandson. *London*, 1833, in-8, d.-rel.

1084. The Conquest of Syria, commonly ascribed to Omar Al-Waquidi, with notes by Nassau-Lees. *Calcutta*, 1824, in-8, d. v. vert (from the biblioth. indica).

1085. History of Muhammed's campaigns by Abu Mohammed al Wakidy, edited by Kremer.*Calcutta*, 1856, in-8, d. v. vert.

1086. Juynboll. Commentarii in historiam gentis Samaritanæ. *Lugd. Bat.*, 1846 —Chronicon Samaritanum arabice conscriptum, cui titulus est : Liber Josuæ, edidit Juynboll. *Lugd. Bat.*, 1848, 2 part. en 1 vol. gr. in-4, rel.

1087. Die Chroniken der Stadt Mekka, herausgegeben von Wüstenfeld. *Leipzig*, 1857, 4 vol. in-8, dem.-rel. v. f.

1088. Geschichte der Araber, bis auf den Sturz des Chalifats von Bagdad, von Gust. Flügel. *Leipzig*, 1864, in-8, br.

1089. Hist. universelle sacrée et profane, en arabe, imprimée au Caire en 1254 de l'hégire, gr. in-8, reliure orientale.

1090. Historia Arabum rerumque ab iis gestarum ante Islamismum, è codicibus manuscriptis arabicis collegit Rasmussen, arab. et lat. *Hauniæ*, 1817-21, 2 tomes en 1 vol. in-4, d. v.

1091. Historia Jemanæ sub Hasano Pascha, è codice arabico edidit et adnotatione instruxit Ant. Rugers. *Lugd. Batav.*, 1838, in-4, cartonné.

1092. Historia kalifatus Omari II, Jazidi II et Hischami quam è codice Leyd. edidit J. de Goege, arab. *Lugd. Batav., Brill.*, 1865, in-8, br.

1093. Incerti auctoris liber de expugnatione Memphidis et Alexandriæ, edidit Hamaker, arabice. *Lugd. Bat.*, 1825, in-4, bas.

1094. Scriptorum arabum de rebus indicis loci et opuscula inedita, recensuit J. Gildemeister. *Bonn.*, 1838, in-8, d.-rel.

1095. Scriptorum arabum loci de Abbadidis arab. nunc primum editi à Dozy. *Lugd. Bat.*, 1846-1863, 2 tomes en 1 vol. in-4, rel. et le tome 3ᵉ broché.

1096. Selecta ex historia Halebi, arab. et lat., ed. Freytag. *Typ. reg.*, 1819, in-8, d.-rel.

f. Biographies. — Encyclopédies.

1097. Liber clar. virorum qui korani et traditionum cognitione excelluerunt, autore Abdalla-Dahabio, curavit Wüstenfeld. *Gottingæ*, 1833, 3 part. en 1 vol. pet. in-4, cartonné.

1098. Car. Rieu. De Abul Alae, poetæ arabici, vita et carminibus. *Bonnæ*, 1843, in-8, d.-rel.

1099. Ibn Challikani vitæ illustrium virorum, nunc primum arabice edidit Ferd. Wüstenfeld. *Gottingæ*, 1835-50, 3 vol. pet. in-4, d. ch. n.

1100. Specimen litterarium continens vitas ex lexico biographico Ibn Callicanis, quod publico examini submittet J. Pijnappel. *Amstelod.*, 1845, in-4, br.

1101. The biographical Dictionary of illustrious men, chiefly at the beginning of islamism, by El-Nawawi, edited by Ferd. Wüstenfeld. *Gottingen*, 1842-47, gr. in-8, bas. (Texte arabe.)

1102. Kitab wafayat al-Aiyan. Vies des hommes illustres de l'islamisme, en arabe, par Ibn Khallikan, publiées par le baron Mac Guckin de Slane. *Paris, Firmin Didot*, 1842, tome 1. — Ibn Khallikan's biogr. dictionary, translated from the arabic, by M. G. de Slane. *Paris*, 1842, 2 vol. Ensemble, 3 vol. in-4, bas.

1103. The Tarikh-i Baihavi, containing the life of Masaud, edited by Morley. *Calcutta*, 1862, in-8, d. v. vert.

From the Biblioth. indica.

1104. LEXICON BIBLIOGRAPHICUM et encyclopædicum ab Haji Khalfa compositum, primum edidit, latine vertit et commentario indicibusque instruxit Gustavus Fluegel. *Lips. et Londini,* 1835-1858, 7 vol. gr. in-4, pap. vélin, bas.

1105. Gazette arabe de Beyrouth. Plusieurs années en livraisons.

C. *Langue et littérature hébraïques. — Langues phénicienne et syriaque.*

1106. Institutiones ad fundamenta linguæ hebreæ, edidit Schrœder. *Ulmæ,* 1792, in-8, rel.

1107. Principes de grammaire hébraïque et chaldaïque, par Glaire. *Paris,* 1832, in-8, d.-rel.

1108. Sepher Harikma. Grammaire hébraïque de Jona-Ben-Gannach, traduite de l'arabe en hébreu, par Jehuda Ibn-Tabbon, publiée par Goldberg. *Francf.-sur-le-Mein,* 1856, gr. in-8, d. ch.

1109. Simonis lexicon manuale hebraïcum et chaldaïcum, recensuit Eichorn. *Halæ,* 1793, 2 vol. in-8, rel.

1110. Lexicon manuale hebraïcum et chaldaïcum in Veteris Testamenti libros, auth. Gesenio. *Lipsiæ,* 1833, in-8, rel.

1111. Dictionnaire hébreu-français, par MM. Sander et Trenel. *Paris,* 1859, gr. in-8, d. v. bleu.

1112. Chrestom. hébraïque, ou Choix de morceaux tirés de la Bible, par Glaire. *Paris,* 1834, in-8, d.-rel.

1113. Chrestomathia rabbinica et chaldaïca, cum notis et glossario, auctore Theodoro Beelen. *Lovanii,* 1841-43, 3 vol. in-8, papier vélin, bas.

1114. Porta Mosis, sive dissertationes Mosis Maimo-
nidis. *Oxoniæ,* 1655, pet. in-4, v. br. — Clavis
talmudica, cum versione latinâ. *Lugd.-Batav.,*
Elzev., 1634, in-4, v. br. — Michna, sive textus
talmudicus, cum commentario, pet. in-8, vélin.

1115. Hadriani Relandi antiquitates sacræ veterum
Hebræorum. *Traj. ad Rh.,* 1741, in-4, v. m.

1116. Paraboles de Seudabar sur les ruses des femmes, traduites de l'hébreu par Carmoly. *Paris,*
1849, in-12, br.

1117. Jerusalem and Tiberias, Sora and Cordova,
a survey of the religious and scholastic learning
of the Jews, designed as an introduction to the
study of hebrew litterature, by Etherige. *London,*
1856, in-12, cart.

1118. Cours de poésie sacrée, traduit du docteur
Lowth, par Roger. *Paris,* 1813, 2 vol. in-8, bas.

1119. Zehn Makamen aus dem tachkemoni, oder
Diwan des Charisi, hebraïcè vermehrt von Kæmpf.
Prag, 1858, in-8, br.

1120. Jewish literature, from the eighth to the eigh-
teenth century, with an introduction on Talmus
and Midrash, an historical essay from the german
of M. Steinschneider. *London,* 1857, in-8, cart.
en perc.

1121. The Israelitish Authorship of the Sinaïtic inscriptions vindicated, by Forster. *London,* 1856,
in-8, cartonné.

1122. Sur la langue et la littérature hébraïques, 13
vol. et br. in-8, par Bargès, Munk, etc.

1123. Liber Fuchassin, sive lexicon biographicum
et historicum complectens vitas omnium virorum
eruditorum quorum mentio fit in Talmude, com-
pilatum ab Abrahamo Zacuti. (Hebraïce.) *Londini,*
1857, gr. in-8, perc.

1124. Scripturæ linguæque Phœniciæ monumenta quotquot supersunt, commentariis illustravit Gesenius. *Lipsiæ*, 1837, 3 parties en 2 vol. in-4, cartonnés.

1125. Étude démonstrative de la langue phénicienne et de la langue libyque, par Judas. *Paris*, 1847, in-4, br.

1126. Toison d'or de la langue phénicienne, par l'abbé Bourgade. *Paris*, 1856, in-fol., br.

1127. Abhandlung ueber die grosse Karthagische und andere neuentdeckte Phœnizische Inschriften, von Ewald. *Gottingen*, 1864, in-4, br.

1128. Judas. Inscription phénicienne de Marseille, 1857, in-4, br. — Phœnizischen Inschrift von Sidon, von Ewald, 1856, in-4, br. — Arri, Lapide Fenicia, 1834. — L'Alphabet phénicien dans l'ancien monde, 1866. — Levy. Phœnizisches Wörterbuch, 1864, in-8, br. — Le Hir. Epigr. phénic., 1864, in-8, br.

1129. Della lingua punica presentemente usata da Maltesi, dal Can. Agius de Soldanis. *Roma*, 1750. — Nuova scuola di Grammatica punica maltese. *Roma*, 1750, in-8, cart.

1130. Vassallii Mylsen phœnico-punicum, sive grammatica Melitensis. *Romæ*, 1791, in-8, d.-rel.

1131. Mich. Ant. Vassali lexicon melitense-latino-italum. — Vocabolario maltese recato nelle lingue latina ed italiana. — *Romæ*, 1796, in-4, d.-rel.

1132. Michaelis, Grammatica Syriaca. *Halæ*, 1784, in-4, d.-rel.

1133. Gregorii Bar Hebræi qui et Abulpharag. Grammatica linguæ syriacæ in metro Ephræmo, syriacè et lat., edidit Bertheau. *Gottingæ*, 1843, in-8, d.-rel.

1134. Castelli Lexicon syriacum. *Gottingæ*, 1788, in-4, d.-rel.

1135. Chrestomathia syriaca, unà cum glossario syriaco latino, ab Andrea Oberleitner accommodato. *Viennæ*, 1827, gr. in-8, d.-rel.

1136. Calendarium syriacum, 1859, et autres opuscules syriaques. 10 br. in-8.

1137. Codex Syriaco Exaplaris, liber Regum etc., edidit Middeldorpf. *Berolini*, 1835, 2 part. en 1 vol. in-4, d.-rel. vél.

1138. The festal Letters of Athanasius, discovered in an ancient Syrian version, by W. Cureton. *London*, 1848, gr. in-8, cartonné.

1139. Corpus Ignatianum, a complete collection of the Ignatian Epistles, in greek, syriac and latin, edited by Cureton. *London*, 1849, gr. in-8, cart.

1140. Dionysii Telmahharensis Chronici liber primus, syriacè, edidit Tullberg. *Upsaliæ*, 1850, in-4, br.

1141. The third part of the ecclesiastical history of John, bishop of Ephesus, now first edited by W. Cureton (texte en syriaque). *Oxford*, 1853, gr. in-4, percal.

1142. Spicilegium syriacum, containing remains of Bardesan, Meliton, Ambrose and Mara Bar Serapion, syriacè, with a translation by W. Cureton. *London*, 1855, gr. in-8, cartonné.

1143. Remains of a very antient recension of the four Gospels in Syriac, by Cureton. *London*, 1858, gr. in-4, cart.

1144. Lagardii Analecta syriaca, cum appendice. 1858, gr. in-8, d.-rel.
Tiré à cent quinze exemplaires.

1145. Titi Bostreni contrà Manichæos libri quatuor, syriacè; P. Ant. de Lagarde edidit. *Berolini*, 1859, gr. in-8, d. ch.

1146. Geoponicon in sermonem syriacum verso-
rum quæ supersunt, Lagardius edidit. *Lipsiæ,*
Tubner, 1860, in-8, br.

Tiré à cent cinquánte exemplaires.

1147. History of the martyrs in Palestine, by Euse-
bius, edited by W. Cureton. *London, Williams*
and Norgate, 1861, gr. in-8, cartonné.

1148. Anecdota syriaca, collegit Land. *Lugd. Bat.,*
Brill, 1862, in-4, br.

Tome premier avec 28 planches.

1149. Ancient Syriac documents relative to the ear-
liest establishment of Christianity in Edessa and
the neighbouring countries, discovered by W. Cureton. *London, Williams and Norgate,* 1864, gr.
in-4, percal.

LANGUES CHINOISE ET JAPONAISE.

1150. Éléments de la grammaire chinoise, par Abel
Rémusat. *Paris, Impr. roy.,* 1822. — Lettre à
Abel Rémusat, sur le génie de la langue chinoise,
par de Humboldt. *Paris,* 1827. — 2 t. en 1 vol.
in-8, d.-rel.

1151. Grammaire mandarine, par Bazin. *Paris,*
Imp. imp., 1856, in-8, d.-rel.

1152. Dictionnaire des signes idéographiques de la
Chine, par Léon de Rosny. *Paris,* 1864, 2 parties
in-8, br.

1153. Chrestomathie chinoise, publiée aux frais de
la Société asiatique. *Paris,* 1833, in-4, d.-rel.

1154. Éloge de la ville de Moukden, poëme de Kien-
Long, traduit par le père Amiot. *Paris,* 1770,
in-8, bas.

1155. Foe Koüe Ki, ou Relation des royaumes bouddhiques ; voyage exécuté à la fin du IVe siècle par

Chi Fa Hian, trad. du chinois par Abel Rémusat. *Impr. royale*, 1836, gr. in-4, bas.

1156. Choix de contes et nouvelles, traduits du chinois par Théodore Pavie. *Paris, Duprat*, 1839, in-8, d.-rel.

1157. Le T-cheouli, ou Rites des Tchèou, traduit du chinois par Edouard Biot. *Impr. nationale*, 1851, 2 vol. in-8, bas.

1158. Li-Ki, ou Mémorial des rites, trad. du chinois par Callery. *Turin*, 1853, in-4, d.-rel.

1159. Poésies de l'époque des Thang, traduites du chinois par le marq. d'Hervey-Saint-Denys. *Paris, Amyot*, 1862, in-8, d. v. fauve.

1160. L'Orphelin de la Chine, trad. du chinois par M. Stan. Julien. — L'Histoire du Luth, drame chinois, traduit par Bazin. — Théâtre chinois, traduit par le même. *Paris*, 1834-38 et 1841, 3 vol. in-8, d.-rel.

1161. Le Livre des récompenses et des peines, en chinois et en français, trad. par Stanislas Julien. *Paris*, 1835, in-8, d.-rel.

1162. Le Livre de la voie et de la vertu, composé par le philosophe Lao-Tseu, et trad. par M. Stan. Julien. *Paris, Impr. royale*, 1842, gr. in-8, d.-bas.

1163. Histoire de la vie de Hiouen-Thsang et de ses voyages dans l'Inde, par Hoei-li et Yen-Thsang, traduite du chinois par Stanislas Julien. *Imprim. impér.*, 1853, gr. in-8, d.-v. bl.

1164. Histoire et fabrication de la porcelaine chinoise, traduction du chinois par Stanislas Julien. *Paris, Mallet-Bachelier*, 1856, gr. in-8, d. v. fauve, 14 planches et une carte.

1165. Mémoires sur les contrées occidentales, traduits du sanscrit en chinois par Hiouen-Thsang, et du chinois en français par M. Stanislas Julien. *Impr. impér.*, 1857, 2 vol. gr. in-8, d. v. bleu.

1166. Les deux Jeunes Filles lettrées, roman chinois, traduit par Stanislas Julien. *Didier*, 1860, 2 vol. in-12, d. v.

1167. Méthode pour déchiffrer et transcrire les noms sanscrits qui se rencontrent dans les livres chinois, démontrée par Stan. Julien. *Impr. impér.*, 1861, in-8, br.

1168. Les Deux Cousines, roman chinois, traduit par Stanislas Julien. *Didier*, 1864, 2 vol. in-12, d. v.

1169. Pauthier. L'Inscription syro-chinoise de Si-ngnan-fou, 1858, gr. in-8 br , *planches*. — De l'Authenticité de l'inscription nestorienne de Si-ngnan-fou. *Paris, Duprat*, 1857, in-8, br.

1170. Pauthier. Relations politiques de la Chine avec les puissances occidentales, 1859. — Formation similaire des écritures figuratives chinoises et égyptiennes, 1842. — Sur le Monothéisme des Chinois, 1861. — Proclamations du vice-roi, trad. 1860. — Vindiciæ sinicæ, 1842. — Supplément. 20 br. in-8.

1171. Essai de grammaire japonaise, par Léon Pagès. *Paris*, 1861, gr. in-8, br.

1172. Yo-San-Fi-Rok. L'Art d'élever les vers à soie au Japon, par Ouekaki-Morikouni, traduit du japonais par J. Hoffmann. *Paris*, 1848, in-4, cart., 50 pl. et une carte.

1173. Introduction à l'étude de la langue japonaise, par Léon de Rosny. *Paris*, 1856, in-4, br.

LANGUES TARTARES.

A. *Mandchou–mongol.*

1174. Recherches sur les langues tartares, par Abel Rémusat. *Paris, Imp. roy.*, 1820, in-4, d.-rel. (Tome Ier.)

1175. Grammaire tartare-mandchoue, par Amiot. *Paris*, 1787, in-4, d.-rel. — Hymne tartare-mandchou, trad. par Amiot et publié par Langlois. *Paris, Didot,* 1792, in-4, d.-rel.

1176. Éléments de la grammaire mandchoue, par Conon de la Gabelentz. *Altenbourg*, 1832, in-8, d.-rel. v.

1177. Chrestomathie mandchoue, ou Recueil de textes mandchous, par J. Klaproth. *Impr. royale,* 1828, gr. in-8, d.-rel.

1178. Die Grundzüge der Finnischen Sprache, von Kellgren. *Berlin,* 1847, in-8, br. — Eclaircissements sur quelques particularités des langues tatares et finnoises. *Paris*, 1845, in-8, br.

1179. Ueber die Sprache der Jakuten (Grammatik, Text und Wörterbuch), von Otto Boehtlingk. *Saint-Pétersbourg,* 1851, in-4, bas.

1180. Die Thaten bogda gesser chan's, eine ostasiatische Heldensage, aus dem mongolischen uebersetzt, von J. Schmidt. *Saint-Pétersbourg,* 1839, in-8, d. cuir de Russie.

B. *Langue turque.*

1181. Grammatica turcica, opera et sumptibus Francisci Meninski. *Viennæ,* 1680, in-fol., bas.

1182. Éléments de la grammaire turque, par Am. Jaubert. *Paris, F. Didot,* 1833, in-8, d.-rel, planches.

1183. Grammaire turke, par Lumley Davids, trad. de l'anglais par Mme Sarah Davids. *London,* 1836, gr. in-4, cart.

1184. *Fevaydi Chargiyé.* Utilités orientales, ou Abrégé de grammaire orientale turque, arabe et persane, par Nassif Mallouf, professeur à Smyrne. *Smyrne,* 1854, in-8, d.-rel.

1185. Système des dialectes turcs, par Bérézine. *Casan*, 1848, in-8, rel.

1186. Chrestomathie en turk oriental, par Quatremère. *Paris*, 1841, in-8, d.-rel.

1187. Chrestomathie ottomane, avec des tableaux et un glossaire, par Dieterici. *Berlin*, 1854, in-8, cart.

1188. Chrestomathie turque, par Bérézine. Tome I. *Casan*, 1857, gr. in-8, d.-rel.

1189. Dictionnaire français-turc, par Mallouf, avec la prononciation figurée. *Paris*, 1856, in-12, d. v.

1190. Dictionnaire turc-français et français-turc, par Bianchi (2ᵉ édition). *Paris*, 1843-1850, 4 vol. in-8, rel.

    Exemplaire non uniforme de reliure.

1191. Dictionnaire français-turc, par Bianchi, 2ᵉ édition. *Paris, Dondey-Dupré*, 1843, 2 vol. — Dict. turc-français par MM. Bianchi et Kieffer, 2ᵉ édit., 1850, 2 vol. — Ensemble 4 vol. gr. in-8, d. v. vert, n. r.

1192. Le Nouveau Guide de la conversation en français et en turc, par Bianchi. *Paris, Dondey-Dupré*, 1852, in-4 obl., d.-rel.

1193. Letteratura turchesca dell' abate Toderini. *Venezia*, 1787, 3 vol. in-8, d.-rel.

1194. Geschichte der Osmanischen Dichtkunst, von Hammer. *Pesth*, 1836, 4 vol. in-8, d.-rel. v.

1195. Traité des dogmes et des préceptes de la religion musulmane, par le Mollah Mohammed, surnommé Bergévy; en turk. *Constantinople*, 1232 (1817), pet. in-4, mar. noir, rel. orientale.

1196. Traité philosophique, par Ahmed, fils de Moussa-al-Kheyaly. *Constantinople*, 1259 (1843), pet. in-4, mar. noir, rel. orientale.

1197. Annuaire de l'empire ottoman pour l'année 1263 (1847), en turc, in-18, mouton maroquiné rouge.

C'est le premier livre de ce genre qui ait été publié à Constantinople. L'édition est lithographiée. (*Note de M. Reinaud.*)

1198. Tarif des douanes turques, précédé du traité de commerce entre la France et la Turquie, en 1861. *Constantinople,* 1862, pet. in-4, d.-rel.

1199. Histoire du sultan Soliman, par Karah-Tchelebi-Zadeh-Abd-Alazyz, en turk; impr. au Caire en 1248 (1832), in-fol., mar. noir, rel. orientale.

1200. *Miftah ul-yber.* La Clef des exemples. Traduction turque de la première partie de l'Histoire universelle d'Ibn–Khaldoun, par Soubhy-bey. *Constantinople,* 1859, in-fol., d.-rel.

1201. Les Perles de choix distribuées de manière à servir de correctif aux erreurs les plus répandues, par Mohammed Hafid; texte turc en forme de dictionnaire. *Constantinople,* 1221 (1806), pet. in-fol., maroq. noir, rel. orientale.

1202. *Moltaka Alabhar,* ou Confluent des mers. Code à l'usage des Othomans, en arabe, par Ibrahim d'Alep. *Constantinople,* 1252 (1836), in-8, mar. noir, rel. orientale.

1203. *Tarikhi gulscheni-mearif,* ou Chronique du jardin des connaissances, par Faraydhy-Sadeh Mohammed Sayd. *Constantinople,* 1252 (1836), 2 vol. in-4, mar. noir, rel. orientale.

Chronique universelle en langue turke.

1204. Version turke de la chronique de Thabary. *Constantinople,* 1260 de l'hégire (1844), in-fol., maroq. noir, reliure orientale.

1205. Falknerklee, contenant trois ouvrages inédits sur la fauconnerie, en grec, en turk et en allemand, le texte accompagné d'une traduction allemande, par Hammer-Purgstall. *Vienne,* 1840, gr. in-8, fig., d.-rel.

1206. Proverbes ottomans publiés par l'Académie des LL. OO. de Vienne. 1865, in-8, br.

1207. Récit de la destruction des janissaires en 1825 et 1826, en turk, par Mohammed Assaad effendi. *Constantinople*, 1243 (1828), pet. in-4, maroq. noir, reliure orientale.

> M. Caussin de Perceval a publié une traduction abrégée de cette relation.

1208. Recueil d'actes diplomatiques et de lettres en arabe, en persan et en turk, depuis Mahomet jusqu'à la fin du xviᵉ siècle, par Feridoun-bey. *Constantinople*, 1848 et 1849, 2 vol. in-fol., d.-rel.

> Une note détaillée de la main de M. Reinaud se trouve à la fin du premier volume.

1209. Recueil de plusieurs traités de questions philosophiques sur lesquelles on examine les élèves à Constantinople. 1262 de l'hégire (1846), in-8, d.-rel.

1210. Recueil de lettres et de requêtes en tout genre, par Hayret-Effendi (en turk). Impr. au Caire en 1242 (1826), in-fol., mar. noir.

1211. Quarante Questions adressées par les docteurs juifs au prophète Mahomet. Texte turc par Zenker. *Vienne*, 1851, in-8, br. — Et autres opuscules sur la littérature turque, 12 br. in-8.

1212. La Muse ottomane, ou Chefs-d'œuvre de la poésie turque, par Servan de Sugny. *Paris, Cherbuliez*, 1853, gr. in-8, d.-rel.

1213. Contes turcs en langue turque, extraits du roman intitulé les Quarante Vizirs, par Belletête. *Paris, Impr. impér.*, 1812, in-4, d.-rel. (*Notes manuscrites.*)

1214. La Rose et le Rossignol, poëme de Fasli, traduit du turk en allemand, par J. de Hammer, avec le texte. *Pesth*, 1834, in-8, br.

1215. Histoire de la campagne de Mohacz, par Kemal Pacha Zadeh, publiée avec la traduction et

des notes par M. Pavet de Courteille. *Impr. impér.*,
1859, gr. in-8, d.-rel.

LANGUES CAUCASIENNES.

1216. Syntagmaton linguarum orientalium quæ in
Georgiæ regionibus audiuntur, libri duo, autore
Fr. M. Maggio. *Romæ*, 1670, in-fol., d. v.

1217. Grammaire géorgienne, par Brosset jeune.
Paris, 1834, in-8, d.-rel.

1218. Eléments de la langue géorgienne, par Brosset
jeune. *Impr. royale*, 1837, in-8, br.

1219. Mémoires inédits relatifs à l'histoire de la langue géorgienne, composés ou traduits et autogra-
phiés par Brosset jeune (avec le texte géorgien).
Paris, 1833, in-8, d.-rel.

1220. Mélanges d'érudition, par M. Brosset, extraits
du Bulletin de l'académie des sciences de Pétersbourg. In-8, d.-rel., fig.

1221. A Dictionary of the Circassian language, by
Loewe. *London*, 1854, in-8, cart.

LANGUES D'AFRIQUE.

1222. Précis du système hiéroglyphique des anciens
Egyptiens, par Champollion le jeune. *Imprimerie
royale,* 1828, texte et planches reliés en 1 vol.
in-8.

1223. Grammaire égyptienne, ou Principes généraux
de l'écriture sacrée égyptienne appliquée à la représentation de la langue parlée, par Champollion
le jeune. *Paris, F. Didot*, 1836, in-fol., bas.

1224. Etude sur une stèle égyptienne, par le vicomte
Emm. de Rougé. *Paris, Imp. impér.*, 1858, in-8,
d.-rel. v.

1225. Papyrus égypto-araméen, expliqué par l'abbé Bargès. *Paris*, 1862, gr. in-4, br., fig.

1226. Recherches sur la langue et la littérature égyptiennes, par Etienne Quatremère. *Paris, Impr. impér.*, 1808, in-8, d. mar. r.

1227. Grammatica linguæ copticæ, autore Amedeo Peyron. *Taurini*, 1841, in-4, rel.

1228. Lexicon linguæ copticæ, studio Amedei Peyron. *Taurini*, 1835, gr. in-4, bas.

1229. Grammatik der æthiopischen Sprache, von August Dillmann. *Leipzig, Weigel*, 1857, in-8, d. v.

1230. Essai de Grammaire de la langue tamachek, par Hanoteau. *Paris, Impr. impér.*, 1860, in-8, d.-rel. v.

1231. Dictionnaire français-woloff et français-bambara, par Dard. *Paris*, 1825, in-8, d.-rel.

1232. Grammaire de la langue woloffe, par l'abbé Boilat. *Paris, Impr. impér.*, 1858, in-8, d.-rel.

1233. Annuaire du Sénégal, avec un vocabulaire français, ouolof et toucouleur. *Saint-Louis, s. d.*, in-12, d.-rel. v.

1234. Vocabulaire et grammaire pour les langues malgache, sakalave et betsimitsara, par l'abbé Dalmont. *Ile Bourbon*, 1842. — Vocabulaire malgache-français. *Paris*, 1844. — 2 part. en 1 vol. in-4, parch.

LANGUES AMÉRICAINES ET POLYNÉSIENNES.

1235. Mémoire sur le système grammatical des langues de quelques nations indiennes de l'Amérique du Nord, par Duponceau. *Paris*, 1838, in-8, d.-rel.

1236. Vocabulaire océanien-français et français-océanien, par l'abbé Boniface Mosblech. *Paris, J. Renouard*, 1843, pet. in-8, bas.

1237. Aperçu de la langue des îles Marquises et de la langue taïtienne, par Buschmann, accompagné d'un vocabulaire taïtien par Guill. de Humboldt. *Berlin,* 1843. — Textes marquisans et taïtiens. *Berlin,* 1843. — 2 part. en 1 vol. in-8, cart.

1238. Du Dialecte de Tahiti, de celui des îles Marquises, et en général de la langue polynésienne, par Gaussin. *Paris, F. Didot,* 1853, in-8, d. mar.

1239. De l'Influence de l'écriture sur le langage, mémoire suivi de grammaires barmane et malaie, par Schleiermacher. *Darmstadt,* 1835, in-8, d.-rel.

1240. Ed. Dulaurier. Mémoire sur un cours de malay et de javanais, 1843, et autres opuscules du même, in-8, d.-rel.

1241. Dulaurier. Chrestomathie malaye. — Principales chroniques malayes, 1849. — Institutions maritimes de l'archipel d'Asie, trad. du malay, 1845, in-4, etc.

1242. Eléments de la langue malaye, par Tuyault. *Paris,* 1863, in-8, br.

1243. Grammaire javanaise, par l'abbé Favre. *Paris,* 1866, in-8, br.

HISTOIRE.

GÉOGRAPHIE.

1244. Bulletin de la Société de géographie. *Paris, janvier* 1863 *à avril* 1867. — En livraisons.

1245. Dictionnaire comparé de la géographie ancienne, du moyen âge et moderne, par Bischoff
et Moeller (en allemand). *Gotha*, 1829, in-8, v.,
fil.

1246. Dictionnaire de géographie, par Mac Carthy.
Paris, 1839, 2 vol. in-8, d.-rel.

1247. Dictionnaire général de géographie et d'histoire, par Dezobry et Bachelet. *Paris*, 1852, 2 vol.
in-4, d.-rel. chagr.

1248. Grand Dictionnaire de géographie universelle,
par Bescherelle. *Paris*, 1859, 2 vol. gr. in-4,
d. chagr.

1249. Dictionnaire de géographie ancienne et moderne, par MM. Meissas et Michelot. *Hachette*,
1864, gr. in-8, cartes, perc.

1250. Atlas d'histoire et de géographie, par Bouillet.
Paris, Hachette, 1865, très-grand in-8, d. ch.

1251. Cortambert. Eléments de géographie physique
(texte et planches). *Hachette*, 1849, in-12, bas.—
Eléments de cosmographie (texte et planches),
1851, in-12, bas.

1252. Géographie universelle, par Malte-Brun.
Paris, Furne, 1841, 6 vol. gr. in-8, bas., fig.

1253. Géographie ancienne, par Danville. *Paris*,
1768, 3 vol. in-12, bas. cartes.

1254. Notitia orbis antiqui, ex vetustis monumentis
collegit Christoph. Cellarius. *Lips.*, 1731, 2 vol.
in-4, vélin, cartes.

1255. Handbuch der alten Geographie, aus den
Quellen bearbeitet, von Albert Forbiger. *Leipzig*,
1842-48, 3 vol. gr. in-8, dos et coins de cuir de
Russie, tranche supér. dorée.

1256. D'Avezac. Grands et petits Géographes grecs
et latins. *Paris*, 1856, in-8, br. — Projection des
cartes de géographie, 1863. — Vivien de Saint-

Martin. Les Huns blancs des historiens byzantins, 1849, in-8, br.

1257. D'Avezac. Recueil d'ouvrages géographiques. 4 parties en 1 vol. in-8, d.-rel.

Les Iles fantastiques de l'Océan occidental au moyen âge. 1845. — Notice des découvertes faites au moyen âge dans l'Océan Atlantique. 1845. — Esquisse générale de l'Afrique. 1845. — Notice sur le pays des Yebous. 1845.

1258. Ptolemæi geographica ; græce, edidit Nobbe. *Lips.*, 1843, 3 vol. in-18, d.-rel.

1259. Geographi græci minores, gr. et lat., è codicibus recognovit, et indicibus instruxit Car. Müller. *Parisiis, F. Didot*, 1855-61, 2 vol. in-8 et atlas de 29 cartes, d. v. bleu.

1260. Strabonis geographica, gr. et lat., cum indice rerum et nominum, curantibus C. Mullero et F. Dubnero. *Parisiis, F. Didot*, 1853, grand in-8, avec 15 cartes, d. mar. brun.

1261. Géographie de Strabon, traduction nouvelle, par Amédée Tardieu. *Hachette*, 1867, in-12, br. tome 1, le seul publié.

1262. Voyage de Néarque, des bouches de l'Indus jusqu'à l'Euphrate, trad. de l'angl. de W. Vincent, par Billecocq. *Paris*, 1800, in-4, cartes, br. en carton.

1263. Stephanus Byzantinus. De urbibus et populis, gr. et lat., edidit Abrah. Berkelius. *Lugd. Batav.*, 1694, in-fol. vélin.

1264. Letronne. Rech. sur Dicuil, 1814. — Fragments de Scymnus de Chio. *Gide*, 1840. — 2 vol. in-8, d.-rel.

1265. Ravennatis anonymi cosmographia et Guidonis geographica, ediderunt Pinder et Parthey. *Berolini*, 1860, in-12, br.

1266. Pomponius Mela. De situ orbis, Æthicus, Cosmographia et Anonymi Ravennatis geographia, curante Gronovio. *Lugd. Bat.*, 1722, in-8, vél.

1267. Etudes sur la géographie historique de la Gaule, par Maximin Deloche. *Paris*, 1861, in-4, br.

1268. Luigi Odorico. Lettere ligustiche, ossia osservazioni critiche sullo stato geografico della Liguria fino ai tempi di Ottone il grande. *Bassano*, 1792, pet. in-4, v. rac. fil.

1269. G. Ortolani. Dizionario geografico della Sicilia antica e moderna. *Palermo*, 1819, in-8, d.-rel.

1270. Descrizione di Palermo antico da Salv. Morso. *Palerme*, 1827, in-8, portr. et fig., bas.

1271. Recherches sur les populations primitives et les plus anciennes traditions du Caucase, par M. Vivien de Saint-Martin. *Paris*, 1847, in-8, d.-rel.

1272. D'Anville. Antiquité géogr. de l'Inde. *Impr. royale*, 1775. — Eclaircissements géogr. sur la carte de l'Inde, 1753. — L'Euphrate et le Tigre, 1779. — Ens. 3 vol. in-4, d.-rel., cartes.

1273. Etude sur la géographie et les populations primitives du nord-ouest de l'Inde, par Vivien de Saint-Martin. *Impr. imp.*, 1859, in-8, br.

1274. Lassenii commentatio de Pentapotamia Indica, 1827. — Heeren, de Ceylone insula, 1831. — Lassen, de Taprobana insula veteribus cognita. — Rasmussen, de Orientis commercio cum Russia, 1825. — Commercia urbis Palmyræ, 1831. — 5 part. in-4, br.

1275. De l'Afrique, contenant la description de ce pays, par Léon l'Africain. *Paris*, 1830, 4 vol. in-8, d.-rel.

1276. L'Afrique, de Marmol, de la traduction de Perrot d'Ablancourt. *Paris*, 1667, 3 vol. in-4, v. br., cartes.

1277. Géographie comparée, par Karl Ritter, trad. par E. Buret (Afrique). *Paris*, 1836, 3 vol. in-8, d -rel,

1278. Le Nord de l'Afrique dans l'antiquité grecque et romaine, par Vivien de Saint-Martin. *Paris, Imp. imp.*, 1863, gr. in-8, d.-rel. v. f.

1279. Géographie ancienne des États barbaresques, d'après l'allemand de Mannert, par Marcus et Duesberg. *Paris*, 1842, in-8, rel.

1280. Mémoire sur l'Égypte. par d'Anville. *Impr. royale*, 1766, in-4, v. m. fil., cartes.

1281. L'Égypte de Murtadi, où il est traité des pyramides, du Nil, etc., de la traduction de P. Vattier, *Paris, Joly*, 1666, in-12, v. br.

1282. Géographie du moyen âge, par J. Lelewel. *Bruxelles.* 1852-57, 4 vol. gr. in-8, cartes. — Dans le quatrième vol. : Pythéas de Marseille et la géogr. de son temps, par le même auteur. *Brux.*, 1836.

1283. Géographie du moyen âge, étudiée par J. Lelewel. Atlas composé de 50 planches. *Bruxelles,* 1850, in-4 oblong, cartonné.

1284. Essai sur l'histoire de la cosmographie et de la cartographie pendant le moyen âge, par le v. de Santarem. *Paris*, 1849-52, 3 vol. in-8, bas.

1285. Abrégé de géographie, par Balbi. *Paris, Renouard*, 1839, in-8, bas. cartes.

1286. Die Erdkunde, von Ritter. *Berlin*, 1846-54, 21 vol. in-8, rel. et br.

1287. Namen und Sachverzeichniss zu Carl Ritter's Erkdunde von Asien, von Ideler und Müller. *Berlin,* 1841-49, 2 vol. in-8, br.

1288. Geschichte der Erdkunde bis auf A. von Humboldt und Carl Ritter, von Oscar Peschel. *Munich,* 1865, gr. in-8, br., carte.

1289. The geographical works of Sadik Isfahani, translated from original persian ms. in the collection of W. Ouseley. *London,* 1832, in-8, v. bl. dent.

1290. Udsigt over de islamitische Falks geographische Kundskaber, ved A. Mehren. *Kopenhague,* 1858, in-8, d.-rel.

1291. Temudschin der unerschütterliche geogr.-ethnogr. Einleitung, von d^r Erdmann. *Leipzig,* 1862, in-8, d. v. fauve.

1292. Description géogr. de la Géorgie. par le tsaré-vitch Wakhoucht (texte géorgien et traduction), publié d'après l'original autographe, par Brosset. *Saint-Pétersbourg,* 1842, in-4, bas., cartes.

1293. Dictionnaire des noms anciens et modernes des villes et arrondissements compris dans l'empire chinois, par Ed. Biot. *Impr. royale,* 1842, gr. in-8, bas.

1294. L'Empire du Milieu, description géogr. par le marq. de Courcy. *Didier,* 1867, in-8, br.

1295. Examen critique de la géographie du nouveau continent, par Alex. de Humboldt. *Paris, Gide,* 1836–39, 5 vol. in-8, d.-rel.

1296. Mélanges géographiques, par MM. Walckenaer, d'Avezac, Jaubert, Jomard, Th. Wright, Guys, Léon de Laborde, Rousseau; 9 opusc. en 2 vol. in-8, d.-rel.

1297. Sur la géographie, par Cortambert, Poulain de Bossay, etc. 12 vol. et br., in-4 et in-8.

1298. Atlas de géographie ancienne, du moyen âge et moderne, par Dufour. *Paris, Delalain,* in-4, cartonné.

1299. Atlas de géographie ancienne et moderne, dressé par H. Dufour, et gravé par Ch. Dyonnet. *Paris,* 1860, gr. in-fol., d. maroq. rouge, 40 cartes.

1300. Atlas universel, avec un texte en langue arménienne. 1849, 10 cartes gr. in-fol. d.-rel.

VOYAGES.

A. *Généralités et Voyages en Europe.*

1301. Abrégé de l'histoire générale des voyages, par la Harpe. *Paris,* 1822, 30 vol. in-18, d.-rel. et atlas in-4.

1302. Abrégé des voyages modernes, de 1780 jusqu'à nos jours, par Eyriès. *Paris, Ledoux,* 1822, 14 vol. in-8, d.-rel.

1303. Nouvelles Annales des voyages. *Paris, Arth. Bertrand,* 1864-65, 2 années compl. en livr.

1304. Voyageurs anciens et modernes, ou choix de relations de voyages, par Ed. Charton. *Paris,* 1854, 4 vol. gr. in-8, fig., d. v. fauve.

1305. W. Desborough Cooley. Histoire des voyages de découvertes. *Paris, Paulin,* 1840, 3 vol. in-12, d.-rel.

1306. Voyage pittoresque autour du monde, publié par Dumont d'Urville. *Paris,* 1834, 2 vol. gr. in-8, d.-rel.

1307. Voyages de Thevenot en Europe, Asie, Afrique. *Amst.,* 1727, 5 vol. in-12, v. gr.

1308. Voyages de Pietro della Valle, en Turquie, Egypte, Palestine, etc. *Paris,* 1745, 8 vol. in-12, rel.

1309. Narrative of travels in Europe, Asia and Africa, in the seventeenth century, by Euliya efendi, translated from the turkisch, by Joseph de Hammer. *London,* 1834-50, 2 tomes en 3 vol. in-4, perc.

1310. Ouvrages de M. X. Marnier. Du Rhin au Nil. — Voyageurs nouveaux. — Lettres sur l'Adriatique, sur le Nord, l'Islande, la Russie, la Hollande. Du Danube au Caucase. — 12 vol. in-12, d.-rel.

1311. Souvenirs de voyages, par Saint-Marc Girardin. *Paris, Amyot,* 2 vol. in-12, d. v. fauve.

1312. Voyages dans les départements formés de l'ancienne province de Languedoc, par Renaud de Vilback. *Paris,* 1825, in-8, d.-rel.

1313. Paris illustré, par Ad. Joanne. *Hachette,* 1863. — Itinéraire de France. Paris à Lyon. — Auvergne, Dauphiné, Provence. — Guide aux eaux minérales. 1861-63-65, 4 vol. in-12, cart.; fig. et cartes.

1314. Voyages dans les Alpes, par de Saussure (partie pittoresque). *Paris, Cherbuliez,* 1852, in-12, d.-rel.

1315. Itinéraire de l'Espagne, par Alex. de Laborde. *Paris,* 1809, 5 vol. in-8, et atlas in-4, v. fil.

1316. Th. Gautier. Voyage en Espagne. *Charpentier,* 1845, in-12, d.-rel. — Constantinople, 1854, in-12, d.-rel.

1317. Antoine de Latour. La Baie de Cadix, 1858. — Tolède et les bords du Tage, 1860. — 2 vol. in-12, d.-rel.

1318. Les Iles et les Bords de la Méditerranée, comprenant la Sicile et la côte de Barbarie, par Pellé. *Londres, Fisher, s. d.,* 1 tome en 2 vol. in-4, perc., *fig. sur acier.*

1319. Les Curiosités de Rome, par Robello. *Paris,* 1854, in-12, d. ch. cartes. — The Oxford guide. In-12, cart., fig.

1320. Promenades dans Rome, par de Stendhal. *Paris, Lévy,* 1853, 2 vol. in-12, d.-rel.

1321. Voyage de la Grèce, par Pouqueville. *Paris, Didot,* 1826, 6 vol. in-8, d.-rel., fig.

1322. Relation d'un voyage à Constantinople, par Grelot. *Paris,* 1689, in-4, fig., v. br.

1323. Voyage à Constantinople, par Poujoulat. *Paris*, 1840, 2 vol. in-8, d.-rel. — Second Voyage, par le même, 1860, in-12, d. v.

1324. Second Voyage de Pallas dans les gouvernements méridionaux de Russie. *Paris*, 1811, 4 vol. in-8, rel. et atlas.

1325. Voyage du maréchal duc de Raguse, en Hongrie, en Russie, en Crimée, en Syrie, en Palestine, en Égypte et en Sicile. *Paris, Ladvocat*, 1837, 5 vol. in-8, d.-rel. et atlas.

1326. Voyage dans la Russie méridionale et la Crimée, par Anatole de Demidoff. *Paris, Bourdin*, 1854, gr. in-8, d. v. bleu, *fig. de Raffet.*

1327. Lettres sur le Caucase et la Crimée, par M. Gille. *Paris, Gide*, 1859, gr. in-8, br., fig.

1328. Les Steppes de la mer Caspienne, le Caucase et la Russie méridionale, par Hommaire de Hell. *Paris*, 1844, in-8, d.-rel.

C'est le troisième volume du Voyage de l'auteur.

B. *Voyages en Asie.*

1329. Voyages de Marco Polo (introduction, texte et glossaire). *Paris*, 1824, in-4, v. fauve.

Cet ouvrage forme le premier volume des Mémoires de la Société de Géographie.

1330. Le Livre de Marco Polo, rédigé en français sous sa dictée par Rusticien de Pise. Introduction, par M. Pauthier. *Paris*, 1865, gr. in-8, br.

1331. Le Livre de Marco Polo, citoyen de Venise, rédigé en français, sous sa dictée en 1298, par Rusticien de Pise; publié par M. G. Pauthier. *Paris, F. Didot*, 1865, 2 vol. très-grand in-8, br., fig.

1332. Les Observations de plusieurs singularitez et choses mémorables trouvées en Grèce, Asie, Egypte, Arabie et autres pays estrangers; rédigées par Belon du Mans. *Paris, Hierosme de Marnef*, 1588, in-4, fig., parch.

1333. Voyage en Moscovie, Tartarie et Perse, par Oléarius, et le Voyage aux Indes orientales, par Mandelso. *Paris,* 1659, 2 vol. in-4, v. fauve.

1334. Les Six Voyages de Tavernier en Turquie, en Perse et aux Indes. *Rouen,* 1713, 4 vol. — Relations et traités, par le même, 1681, 1 vol. — Ensemble 5 vol. in-12, fig., d.-rel.

1335. Relation d'un voyage au Levant, par Pitton de Tournefort. *Amsterdam,* 1728, 2 tomes en 1 vol. in-4, fig. v. br.

1336. Voyages de Richard Pokocke, en Orient. *Paris,* 1772, 7 vol. in-12, d.-rel.

1337. Voyages de Mirza Abu Taleb Khan en Asie, trad. du persan. 1811, 2 tomes en 1 vol. in-8, d.-rel.

1338. Voyage en Asie et en Afrique, d'après les récits des derniers voyageurs, par Eyriès. *Furne,* 1855, gr. in-8, fig. d. v. fauve.

1339. Voyage dans l'empire othoman, l'Egypte et la Perse, par Olivier. *Paris,* 1801, 3 vol. in-4, et atlas in-fol., bas.

1340. Voyage en Orient, par de Lamartine. *Paris,* 1835, 4 vol. in-12, d.-rel.

1341. Correspondance et Mémoires d'un voyageur en Orient, par Eug. Boré. *Paris,* 1840, 2 vol. in-8, d.-rel.

1342. Relations de voyages en Orient, de 1830 à 1838, par Aucher-Eloy. *Paris, Roret,* 1843, 2 vol. in-8, d. v. fauve, carte.

1343. Voyage en Orient, par Gérard de Nerval. *Charpentier,* 1851, 2 vol. in-12, d.-rel.

1344. Souvenirs de l'Orient, par le comte de Marcellus. *Paris, Lecoffre,* 1854, in-12, d. ch. r.

1345. Les Mystères du désert, souvenirs de voyages en Asie et en Afrique, par le C^el du Couret. *Paris, Dentu*, 1859, 2 vol. in-12, d.-rel. v. r.

1346. Trois ans en Asie, par le comte de Gobineau. *Hachette*, 1859, in-8, br.

1347. Itinéraire de l'Orient, par Ad. Joanne et Em. Isambert. *Paris, Hachette*, 1861, in-8, cart. fig. — Séjour chez le grand chérif de la Mekke, par Ch. Didier. 1857, in-12, d. ch.

1348. Arminius Vamberi. Voyage d'un faux derviche dans l'Asie centrale, trad. de l'anglais par Forgues. *Hachette*, 1865, gr. in-8, fig., br.

1349. Reise im Orient, von Petermann. *Leipzig*, 1865, 2 part. en 1 vol. gr. in-8, br., fig.

1350. Travels in the track of the ten thousand Greeks, being an account of the expedition of Cyrus, by Ainsworth. *London, Parker*, 1844, in-8, cart.

1351. Itinéraire de Tiflis à Constantinople, par le colonel Rottiers. *Bruxelles*, 1829, in-8, d.-rel.

1352. Travels and researches in Asia Minor, etc., by W. Ainsworth. *London*, 1842, 2 vol. in-8, fig. et cartes; percal.

1353. Travels and researches in Asia minor, more particularly in the province of Lycia, by Sir Ch. Fellows. *London, Murray*, 1852, in-8, cart.

1354. Asie Mineure et Syrie, souvenirs de voyages, par la princesse Belgiojoso. *Paris, Lévy*, 1858, in-8, d. v. vert.

1355. Voyage au Caucase et en Géorgie, par J. Klaproth. *Paris*, 1833, 2 vol. in-8, d.-rel. — Tableau du Caucase, par le même. 1827, in-8, d.-rel.

1356. Rapports sur un voyage archéologique dans la Géorgie et dans l'Arménie, exécuté en 1847 et 1848, par M. Brosset, sous les auspices du prince

Voreutzõf. *Saint-Pétersbourg*, 1851, gr. in-8, bas. et atlas in-fol.

1357. Voyage dans les steppes d'Astrakan et du Caucase, par le comte Potocki, publié par Klaproth. *Paris, Merlin*, 1829, 2 v. in-8, fig., d.-rel.

1358. Voyage autour du Caucase, en Colchide, en Géorgie, en Arménie et en Crimée, par Dubois de Montpéreux. *Paris, Gide,* 1839-43, 6 vol. in-8, bas.

1359. Voyage dans la Cilicie et dans les Montagnes du Taurus, par Victor Langlois. *Paris, Duprat,* 1861, gr. in-8, fig., br.

1360. Relation d'un séjour de plusieurs années à Beyrout et dans le Liban, par H. Guys. *Paris,* 1847. 2 tomes en 1 vol. in-8, bas. — Un Derviche algérien en Syrie, par le même. 1854, in-8, d. mar. vert.

1361. Voyage en Syrie et en Egypte, par Volney. *Paris,* 1807, 2 vol. in-8, d.-rel. cartes et fig.

1362. Travels of Rabbi Petachia, who, in the latter end of the twelfth century, visited the Crimea, Assyria, the holy land, etc... (hebrew and english). *London,* 1856, in-8, cart.

1363. Early Travels in Palestine, comprising the narratives of Arculf, Bernard, Benj. of Tudela, Maundeville, Maundrell, etc. *London,* 1848, fig., in-12, cart. en parc.

1364. The Itinerary of Rabbi Benjamin of Tudela, translated and edited by Asher. *London and Berlin,* 1840, 2 vol. in-8, cart. n. r. (avec le texte hébreu).

1365. Expédition et pèlerinage des Scandinaves en terre sainte au temps des croisades, par Paul Riant. *Paris,* 1865, gr. in-8, br.

1366. Itinéraires de la terre sainte des xiiie, xiv[o], xve, xvie et xviie siècles, traduits de l'hébreu, et accompagnés de cartes, par Carmoly. *Bruxelles*, 1847, gr. in-8, d. v. fauve.

1367. Fratris Felicis Fabri evagatorium in terræ sanctæ, Arabiæ et Egypti peregrinationem, edidit C. Hassler. *Stuttg.*, 1844, 3 vol. in-8, d. v. fauve.

1368. La Terre sainte, ou description des saints lieux et de la terre de promission, par Eug. Roger, missionnaire. *Paris*, 1646, in-4, parch., fig.

1369. Voyage fait par ordre de Louis XIV dans la Palestine, par de la Roque. *Paris*, 1717, in-12, v. br.

1370. Mémoires du chevalier d'Arvieux, contenant des voyages à Constantinople, en Palestine, etc., par le P. Labat. *Paris*, 1735, 6 vol. in-12, v. m., cartes et fig.

1371. Travels in Syria and the holy land, by Burckhardt. *London*, 1822, in-4, cartonnés, *portr. et cartes.*

1372. Viaggio di Trescobaldi in Egitto e in terra santa. *Roma*, 1818, in-8, d.-rel.

1373. Travels in Palestine, by J. S. Buckingham. *London*, 1821, in-4, v. fauve fil., *portrait, figures et cartes.*

1374. Correspondance d'Orient, par Michaud et Poujoulat. *Paris*, 1833-35, 7 vol. in-8, d.-rel.

1375. Voyage en Palestine et en Syrie, par Georges Robinson. *Paris, Arthus Bertrand*, 1838, 2 vol. in-8, d.-rel., fig. et cartes.

1376. Visits to monasteries of the Levant, by Robert Curzon. *London*, 1849, in-8, fig., perc.

1377. La Terre sainte, par L. Énault. *Paris*, 1854, in-12, d. ch., cartes.

1378. W.-K. Loftus. Travels and researches in Chaldæa and Susiana. *London*, 185-, in-8, cart. fig.

1379. Voyage dans le Haouran et aux bords de la mer Morte, exécuté pendant les années 1857 et 1858, par G. Rey. *Paris, Arthus Bertrand*, gr. in-8, d. v., cartes et atlas gr. in-fol. en feuilles, 26 pl.

1380. Les Saints Lieux, pèlerinage à Jérusalem, par Mᵍʳ Mislin. *Paris, Lecoffre*, 1858, gr. in-8, br.
Tome III.

1381. Voyage en Terre sainte, par de Saulcy. *Paris, Didier*, 1865, 2 vol. in-8, br., *figures dans le texte.*

1382. Il Negro settentrionale. — Itinerario da Gerusalemme a Aneizeh nel Cassim, da Carlo Guarmani di Livorno. *Gerusalemme*, 1866, in-8, br. carte.

1383. Letronne. Sur la séparation primitive des bassins de la mer Morte et de la mer Rouge, 1839. — Jules de Berton. Topogr. de Tyr, 1843. — Voyages depuis les sources du Jourdain jusqu'à la mer Rouge. 3 part. en 1 vol. in-8, fig. et cartes, d.-rel.

1384. Burckhardt. Voyages en Arabie, trad. par Eyriès. *Paris, Arth. Bertr.*, 1835, 3 vol. in-8, d.-rel. cartes.

1385. Voyage en Arabie, traduit de l'allemand de C. Niebuhr. *Amst.*, 1776, 2 vol. — Questions proposées par une société de savants, et recueillies par Michaëlis, 1774. — Description de l'Arabie. *Copenhague*, 1773, in-4, v.

1386. Description de l'Arabie, par Niebuhr. *Paris*, 1779, 2 tomes en 1 vol. in-4, fig. et cartes, bas.

1387. Voyage de l'Arabie Pétrée, par Léon de Laborde. *Paris*, 1830, gr. in-fol., d.-rel., 69 pl.

1388. Travels in Arabia, by Wellsted. *London*, 1838, 2 vol. in-8, *portr., cartes et fig.*

1389. Voyage en Arabie, par Tamisier. *Paris*, 1840, 2 tomes en 1 vol. in-8, d.-rel.

1390. Botta. Voyage dans l'Yémen. 1845.—Laborde. Un Artiste dans le désert; Voyages en Abyssinie. — Damoiseau. Voyage en Syrie. 1833. — Abel Rémusat. Histoire de la ville de Kohtan, 1820. — Ensemble 3 vol. in-8, d.-rel.

1391. Travels in Luristan and Arabistan, by the baron de Bode. *London*, 1845, 2 vol. in-18, cartonnés, fig.

1392. Description des côtes mérid. d'Arabie, par Stafford-Haines. *Paris*, 1849, in-8, d. maroq. bleu.

1393. Personal narrative of a pilgrimage to El-Medinah and Meccah, by Richard Burton. *London, Longman*, 1855, 3 vol. in-8, perc., *cartes et figures dont quelques-unes coloriées.*

1394. Voyage dans la péninsule arabique du Sinaï et l'Egypte moyenne, par Lottin de Laval. *Paris, Gide*, 1855-59, in-4, d. v. fauve et atlas de 72 pl. et 1 carte, d.-rel.

1395. L'Arabie heureuse, souvenirs de voyages, par Alex. Dumas. *Paris*, 1860, 3 vol. in-12, d. v.

1396. Giffard Palgrave. Une Année de voyage dans l'Arabie centrale, ouvrage trad. de l'angl., par Em. Jonveaux. *Hachette*, 1866, 2 vol. gr. in-8, brochés.

1397. Voyage en Turcomanie, par Mouraview. *Paris*, 1823, in-8, d.-rel., cartes.

1398. Relation des Mongols, par Du Plan de Carpin, édition publiée par M. d'Avezac. — Relations des voyages de G. de Rubruck, etc., publiées par Francisque Michel. *Paris*, 1838 et 1836, 2 ouvr. rel. en 1 vol. in-4.

1399. Voyage de B. Bergmann chez les Kalmuks, trad. de l'all., par Moris. *Châtillon-sur-Seine*, 1825, in-8, d.-rel.

1400. Recueil de voyages curieux faits en Tartarie et en Perse, avec une histoire des Sarrasins et des Mahométans, par P. Bergeron. *Leyde,* 1729, 2 tomes en 1 vol. in-4, d.-rel.

1401. Voyages de Chardin en Perse, édition publiée par Langlès. *Paris*, 1811, 10 vol. in-8 et atlas in-fol., bas.

1402. Voyage en Perse, par Morier. *Paris,* 1813, 2 vol. in-8, rel.

1403. Travels in various countries of the East, more particularly Persia, by W. Ouseley. *London,* 1819-23, 3 vol. gr. in-4, cartonnés; 81 planches.

1404. Voyage en Perse, par Drouville. *Paris,* 1825. 2 vol. in-8, fig. d.-rel.

1405. An Account of Persia, by J. Fraser. *Edinb.,* 1834, in-12, fig. cart.

1406. Narrative of a journey to the site of Babylon, and to Persepolis, by J. Rich. *London,* 1839, in-8, cart. en perc. *fig. et cartes.*

1407. Narrative of a residence in Koerdistan and on the site of ancient Nineveh, with an account of a visit to Shiraz and Persepolis, by James Rich. *London,* 1836, 2 vol. in-8, cartonnés, fig. et cartes.

1408. Voyage en Perse, par Eug. Flandin. *Paris, Gide,* 1851, 2 vol. gr. in-8, bas.

1409. Voyages en Perse et dans l'Afghanistan, par Ferrier. *Paris, Dentu,* 1860, 2 vol. in-8, *carte et portrait,* d. v. fauve.

1410. Narrative of various journeys in Balochistan, Afghanistan, the Panjab and Kalat, during a residence in those countries, by Ch. Masson. *London,* 1844, 4 vol. in-8, perc., fig. et cartes.

1411. L'Afghanistan, ou description géographique de ce pays, par Perrin. *Arthus Bertrand,* 1842, in-8, carte, d.-rel.

1412. Travels and adventures in the persian provinces, on the southern banks of the Caspian sea, by J. Fraser. *London*, 1826, in-4, bas.

1413. Narrative of a journey into Khorasan, by J. Fraser. *London*, 1825, gr. in-4, d. v. fauve, cartes.

1414. Voyage dans l'Arménie et le Kourdistan, par Kinneir, trad. de l'anglais par Perrin. *Gide*, 1818, 2 vol. in-8, d.-rel.

1415. Voyage en Arménie et en Perse, par Amédée Jaubert. *Paris*, 1821, in-8, fig. et cartes, bas.

1416. Voyages dans le Beloutchistan, par H. Pottinger, trad. par Eyriès. *Paris, Gide*, 1818, 2 vol. in-8. d.-rel. v.

1417. Voyages de la Perse dans l'Inde, trad. du persan, par Langlès. *An* vi, 2 vol. in-12, cart. fig.

1418. Voyage d'Orenbourg à Boukhara, par le baron de Meyendorf, et revu par Am. Joubert. *Paris,* 1826, in-8, fig. d.-rel.

1419. Voyages de l'Indus à Lahor et à Boukara, par Alex. Burnes. *Paris*, 1835, 3 vol. in-8, fig., bas.

1420. Bokahra, its amir and its people, translated from the russian of Khanikoff, by Clement de Bode. *London*, 1845, in-8, carte et portr., perc.

1421. Anciennes Relations des Indes et de la Chine de deux voyageurs mahométans du ixe siècle, traduites par l'abbé Renaudot. *Paris*, 1718, in-8, v. m.

1422. Voyages de François Pyrard de Laval, contenant sa navigation aux Indes orientales, etc. *Paris*, 1679, in-4, v. fil. *Exemplaire de la biblioth. de la Malmaison.*

1423. Voyages de Bernier, contenant la description des Etats du grand Mogol. *Amst.*, 1724, 2 vol. in-12, fig. v. br.

1424. Description de l'Indostan, par J. Rennell. *Paris*, 1800, 3 vol. in-8, et atlas in-4, d.-rel.

1425. Voyage aux Indes orientales et à la Chine, par Sonnerat. *Paris*, 1806, 4 vol. in-8, d.-rel. et atlas in-fol.

1426. Voyages dans l'Indoustan, à Ceylan, sur les deux côtes de la mer Rouge, par Valentin, trad. de l'anglais par Henry. *Paris*, 1813, 4 vol. in-8 d.-rel. et atlas.

1427. Voyages à Calcutta, par Héler, 1830. 2 vol. — Voyages dans l'Inde, par Buckingham. 1832, 1 vol. — Voyage à l'île de Ceylan, par Percival. 1803, 2 vol. — Ens. 5 vol. in-8, reliés.

1428. L'Inde anglaise, par Warren. *Paris*, 1845, 3 vol. in-8, d.-rel. — L'Archipel indien, par Fontanier. 1852, in-8, d.-rel.

1429. Correspondance de Victor Jacquemont, pendant son voyage dans l'Inde. *Paris*, 1841, 2 vol. in-12, d.-rel.

1430. Alexis Soltykoff. Voyages dans l'Inde et en Perse. *Paris*, 1853. — Théroulde. Voyage dans l'Inde. 1843. — Ensemble 2 vol. in-12, d.-rel.

1431. Considérations sur les missions catholiques et voyage d'un missionnaire dans l'Inde, par Mgr Luquet, évêque d'Hesebon. *Paris*, 1853, gr in-8, d. v. ant.

1432. Vues pittoresques de l'Inde, de la Chine, et des bords de la mer Rouge, avec un texte, par Emma Roberts, et trad. par F. Gérard. *Londres, Fisher, s. d.*, 2 vol. in-4, perc., *figures sur acier*.

1433. Voyage du Bengale, par Forster, trad. par Langlès. *Paris*, 1802, 3 vol. in-8. d.-rel.

1434. A Journey from Madras through the countries of Mysore, Canara and Malabar. *London*, 1807, 3 vol. in-4, d.-rel., *figures et cartes*.

1435. Voyage chez les Mahrattes, par Tone, trad. de l'anglais, par Langlès. *Paris*, 1820, in-12. d.-rel.

1436. A Memoir of central India, including Malwa and adjoining provinces, by J. Malcolm. *London*, 1832, 2 vol. in-8, cartes.

1437. Travels in the Himalayan provinces of Hindustan and the Panjab, by W. Moorcrofl and G. Trebeck. *London*, 1841, 2 vol. in-8, fig. et cartes, perc.

1438. A personal Narrative of a journey to the source of the river Oxus, by the route of the Indus, by J. Wood. *London*, 1841, in-8, carte, perc.

1439. Relation de l'ambassade anglaise dans le royaume d'Ava, trad. par Castéra. *Paris*, 1800, 3 vol. in-8, et atlas in-4, bas.

1440. Journal of an embassy from the governor general of India to the court of Ava, by J. Crawfurd. *London*, 1834, 2 vol. in-8, cart.; figures et cartes.

1441. An Account of the Kingdom of Nepal, by Fr. Hamilton. *Edinburgh*, 1819, in-4, d.-rel.

1442. Relation ou voyage de l'isle de Ceylan, par Rob. Knox. *Amst.*, 1693, 2 vol. in-12, v. br.

1443. An Account of the Island of Ceylan, by Robert Percival. *London*, 1803, in-4, d.-rel., cartes.

1444. Considérations générales sur l'Océan indien, par Philippe de Kerhallet. *Paris*, 1853, gr. in-8, d. maroq. citron.

1445. D. J. de Castro-Roteiro em que se contem a viagem que fizeram os Portugueses no anno de 1541, partindo da Goa ate Soez. *Paris, Baudry*, 1833, gr. in-8, portr. et carte, d. v. r.

1446. A Description of the Burmese empire, translated from the rev. Sangermano, by W. Tandy. *Rome*, 1833, in-4, cartonné.

1447. Journal of an embassy from the governor general of India, to the courts of Siam and Cochinchina, by J. Crawfurd. *London*, 1830, 2 vol. in-8, cart., figures et cartes.

1448. Description du royaume de Thaï ou Siam, par Pallegoix. 1854, 2 vol. in-12, d.-rel. v. f.

1449. Mission de la Cochinchine et du Tonkin. *Paris, Douniol*, 1858, in-12, rel. v.

1450. Souvenirs de Hué (Cochinchine), par Michel Chaigneau. *Impr. impér.*, 1867, in-8, br.

1451. Ambassade au Thibet, par Turner. *Paris*, 1800, 2 tomes en 1 vol. in-8 et atlas in-4, bas.

1452. Relation d'un voyage au Thibet en 1852, par l'abbé Krick, missionnaire. *Paris*, 1854, in-12, d. ch. r., fig.

1453. Souvenirs d'un voyage dans la Tartarie, le Thibet et la Chine, pendant les années 1844-46, par Huc. *Paris*, 1853, 2 vol. in-12, d.-rel.

1454. Voyages de Thunberg au Japon, traduits par Langlès. *Paris*, 1796, 2 vol. in-4, fig., d.-rel.

1455. Travels in China, by John Barrow. *London*, 1804, in-4, d.-rel.

1456. Voyage en Chine, par J. Barrow. *Paris*, 1805, 3 vol. — Voyage à la Cochinchine, par le même. 1807, 2 vol.; ensemble 5 vol. in-8 et atlas, d.-rel.

1457. Voyages à Péking, par de Guignes. *Impr. impér.*, 1808, 3 vol. in-8 et atlas, in-fol. d.-rel.

1458. Voyage à Péking, par Timkouski. *Dondey-Dupré*, 1827, 2 vol. in-8 et atlas, in-4, d.-rel.

1459. La Chine, par Davis. *Paris*, 1832, 7 vol. — Voyage en Chine, par Lavallée. 1852; ensemble 3 vol. in 8, d.-rel.

1460. L'Empire chinois, par M. Huc, ancien missionnaire. *Paris*, 1857, 2 vol. in-12, d. v. bleu.
— La Vie réelle en Chine, par M. W. Milne. *Paris*,
1860, in-12, d. v. bl. cartes.

1461. La Chine et les puissances chrétiennes, par de
Mas. *Paris, Hachette*, 1861, 2 vol. in-12, d.-rel.—
Un Voyage à Pékin, par de Keroulée. *Paris*, 1861,
in-12, d.-rel.

1462. Souvenirs d'un voyage en Sibérie, par Hans-
teen. *Paris*, 1857, in-8, cart. d. v.

C. *Voyages en Afrique et en Amérique.*

1463. Voyages d'Ali bey el Abbassi en Afrique et en
Asie. *Paris*, 1814, 3 vol. in-8, bas. et atlas in-4, obl.

1464. Voyages de Shaw en Barbarie, à Alger, Tunis,
etc. *La Haye*, 1743, 2 tomes en 1 vol. in-4, fig.,
d.-rel.

1465. Voyage archéologique dans la régence de
Tunis, exécuté sous les auspices du duc de Luynes,
par V. Guérin. *Paris*, 1862, 2 vol. gr. in-8, d.
v. bleu, carte et plan.

1466. Nouvelle Relation en forme de journal d'un
voyage fait en Egypte, par Vansleb. *Paris*, 1677,
in-12, d.-rel.

1467. Voyage en Egypte, par Brown. *Paris*, 1800,
2 vol. in-8. — Tableau de l'Egypte, par Rifaud.
1830, in-8, d.-rel.

1468. Voyages en Egypte et en Nubie, par Belzoni,
trad. par Depping. *Paris*, 1821, 2 vol. in-8 cart.

1469. Lettres écrites d'Egypte et de Nubie en 1828
et 1829, par Champollion le Jeune. *Paris, F. Didot*, 1833, in-8, fig. d.-rel.

1470. Discoveries in Ægypt, Ethiopia, and the peninsula of Sinai, in the years 1842-45, by Dr Richard Lepsius. *London*, 1852, in-8, carte et
planche, perc.

1471. Voyage en Egypte, par Ed. Combes. *Paris*, 1846, 2 vol. in-8, d.-rel. cartes.

1472. Travels in Kordofan, with a description of that province of Egypt, by Ignatius Pallme. *London*, 1844, in-8, cart. en perc.

1473. Didier. Cinq cents lieues sur le Nil. — Cinquante jours au désert. — Séjour chez le grand sherif. *Hachette*, 1858, 3 vol. in-12, d.-rel.

1474. Les Sources du Nil, journal de voyage du capitaine Hanning Speke, traduit de l'anglais, par Forgues. *Paris*, 1864, gr. in-8, br.; *cartes et gravures*.

1475. Voyage en Nubie, par Bruce. *Paris*, 1790, 5 vol. in-4 et atlas, d.-rel.

1476. Travels in Nubia, by J. L. Burckhardt. *London*, 1822, in-4, cartonné; *portr. et cartes*.

1477. Voyage à Méroé et au fleuve Blanc, par Fréd. Cailliaud. *Impr. roy.*, 1826, 4 vol. in-8, fig., d.-rel.

1478. Voyage historique d'Abyssinie, traduit du portugais de J. Lobo, par Legrand. *Paris*, 1728, in-4, cartes, vélin.

1479. Voyage en Abyssinie, par Salt. *Paris*, 1816, 2 vol. in-8 et atlas. d.-rel. — Voyage à Tripoli. 1819, 2 vol. in-8, d.-rel.

1480. Voyage en Abyssinie, exécuté de 1839 à 1843. Relation historique par Théoph. Lefebvre. *Paris*, *Arthus Bertrand*, 2 vol. gr. in-8, cartes et fig., bas.

1481. Voyage en Abyssinie. par Combes et Tamisier. *Paris*, 1843, 4 vol. in-8, d. v. bl.

1482. Voyage en Abyssinie, par Ferret et Galinier. *Paris*, 1847, 2 vol. gr. in-8, fig. d. v. fauve.

1483. Voyages dans le pays d'Adel et le royaume de Choa, par Rochet d'Héricourt. *Paris*, *Arthus Bertrand*, 1841-46, 2 vol. gr. in-8, bas. *fig. et cartes*.

1484. Voyage à la côte orientale d'Afrique, par le capitaine Guillain, album lithogr. *Paris, Bertrand*, in-fol., d.-rel.

1485. Explorations du Zambèse et de ses affluents, par Livingstone, trad. de l'anglais. *Paris, Hachette*, 1866. 47 gravures et 4 cartes.

1486. Documents sur l'histoire, la géogr. et le commerce de l'Afrique orientale, par Guillain. *Paris, Arthus Bertrand*, 3 vol. gr. in-8, cartes, d.-rel.

1487. Voyages dans le nord et dans les parties centrales de l'Afrique, par Denham et Clapperton. *Paris*, 1826, 3 vol. in-8 et atlas in-4, d.-rel. — Second Voyage en Afrique, par Clapperton, 1829, 2 vol. in-8, d.-rel.

1488. Narrative of travels and discoveries in northern and central Africa, in the years 1822, 1823 and 1824, by major Denham, cap. Clapperton, and Dr Oudney. *London, Murray*, 1828, 2 vol. in-8, cartonnés, fig.

1489. Reisen und Entdeckungen in nord und central Afrika, in den Jahren 1849 bis 1855, von H. Barth. *Gotha*, 1857, 5 vol. in-8, perc.

Figures lithogr. coloriées, cartes et nombreuses planches dans le texte.

1490. Voyages et découvertes dans l'Afrique septentrionale et centrale, par le Dr Barth, trad. de l'allemand, par Paul Ilhier. *Paris,* 1860, 4 vol. in-8, *cartes et fig.*, d. v. r.

1491. Le Désert et le Soudan, par le comte d'Escayrac de Lauture. *Paris*, 1853, gr. in-8, fig., d.-rel.

1492. Le Niger et les explorations de l'Afrique centrale, depuis Mungo-Park jusqu'au Dr Barth, par de Lanoye. *Hachette*, 1858, in-12, d. v.

1493. Explorations dans l'intérieur de l'Afrique australe, de 1840 à 1856, par David Livingstone, ouvrage traduit de l'anglais par Mad. Loreau. *Paris, Hachette,* 1859, gr. in-8, fig., d. v.

1494. Relation de l'Afrique occidentale, par Labat. *Paris,* 1728, 5 vol. in-12, v. m. cartes et fig.

1495. Voyage dans l'Afrique occidentale, par W. Gray et Dochard. *Paris,* 1826, in-8, d.-rel. *fig.*

1496. Recherches sur la priorité de la découverte des pays situés sur la côte occidentale d'Afrique et sur les progrès de la science géog. après les navigations des Portugais au xv° siècle, par le V. de Santarem. *Paris,* 1842, in-8, bas.

1497. Voyage dans l'Afrique occidentale, par Raffenel. *Arthus Bertrand,* 1846, gr. in-8, d.-rel. et atlas.

1498. Voyage au Sénégal, par Durand. *Paris,* 1802, in-4 et atlas, d. marq. rouge.

1499. Voyage du chevalier des Marchais en Guinée et à Cayenne, par Labat. *Paris,* 1730, 4 vol. in-2, v. gr. fig.

1500. Memoria em que se pertende provar que os Arabes não conhecerão as Canarias antes dos Portugueses, por J. da Costa de Macedo. *Lisboa,* 1844, in-4, d.-rel.

1501. Voyage à Madagascar, par Leguével de Lacombe. *Paris,* 1840, 2 vol. in-8, d.-rel.

1502. Naufrage du brigantin américain le Commerce, par J. Riley. *Paris,* 1818, 2 vol. in-8, d. ch.

1503. Histoire de la vie et des voyages de Christophe Colomb, par Washington Irving, trad. de l'anglais par Defauconpret. *Paris,* 1836, 4 vol. in-8, d.-rel. — Histoire des compagnons de Christophe Colomb, par le même. *Paris,* 1833, 3 vol. in-8. — Ensemble 7 vol. in-8, d.-rel.

1504. Voyage dans les deux Amériques, par Alcide d'Orbigny. *Paris, Furne,* 1854, gr. in-8, d. ch., fig.

1505. Lettres sur l'Amérique du Nord, par Michel Chevalier. *Gosselin*, 1837, 2 vol. in-8, d. ch.

CHRONOLOGIE ET HISTOIRE UNIVERSELLE.

1506. Eusebii Chronicon græco-armeno-latinum, opera J. B. Aucher. *Venetiis*, 1818, 2 vol. in-4, d. v. vert.

1507. Lehrbuch der Chronologie, von L. Idler. *Berlin*, 1831, in-8, d. rel.

1508. Vlug Beigi Epochæ celebriores astronomis, historicis, chronologis, etc., notis illustravit Joh. Gravius (arab. et lat.). *Lond.*, 1650, in-4, d.-rel.

1509. Wustenfeld. Tabellen der muhammedanischen und christlichen Zeitrechnung. *Leipzig,* 1854, in-4, d.-rel.

1510. L'Art de vérifier les dates des faits historiques depuis J.-C., réimprimé par de Saint-Allais. *Paris*, 1818, 6 vol. in-4, rel.

1511. Histoire universelle, par César Cantu. *Paris*, *F. Didot*, 1857, 19 vol. in-8, d. v. vert.

1512. Histoire du commerce et de la navigation des anciens, par Huet. *Paris*, 1716, in-12, v. f.

1513. Heeren. De la Politique et du commerce des peuples de l'antiquité, trad. de l'all. par Suckau. *Paris*, *Didot*, 1830, 7 vol. in-8, d.-rel.

1514. Etudes sur le commerce au moyen âge, par Elie de la Primaudaie. *Paris*, 1848, in-8, d.-rel.

1515. Tableau du commerce, antérieurement à la découverte de l'Amérique, par Pardessus. *Paris,* *Impr. roy.*, 1834, gr. in-4, d.-rel..

1516. Du Devoir de l'histoire de bien considérer le caractère et le génie de chaque siècle en jugeant les grands hommes qui y ont vécu, par Portalis. *Paris*, 1800, in-8, d.-rel.

HISTOIRE ANCIENNE.

1517. Justini Historiæ, notis et indicibus illustravit Lemaire. *Parisiis,* 1823, in-8, d. v.

1518. Pauli Orosii adversus paganos historiarum libri, recensuit Havercámpus. *Lugd. Bat.,* 1738, in-4, rel.

1519. De l'Origine des lois, des arts et des sciences (par Goguet). *Paris,* 1758, 3 vol. in-4, v.

1520. Cours d'histoire prononcé à la Faculté des lettres, par Ch. Lenormant. *Paris,* 1854, 2 vol. in-12, d. ch.

1521. Histoire de l'esclavage dans l'antiquité, par H. Wallon. *Paris, Impr. royale,* 1847, 3 vol. in-8, d.-rel.

1522. Égypte ancienne, par Champollion-Figeac. *Paris, F. Didot,* 1839, in-8, cartonné, fig.

1523. Flav. Josephi Opera, gr. et lat., edidit Oberthur. *Lipsiæ,* 1782, 3 vol. gr. in-8, bas.

1524. OEuvres de Flavius Josèphe, avec une notice, par Buchon. *Paris,* 1843, gr. in-8, d. ch.

1525. Histoire des Juifs, par Prideaux. *Amsterdam,* 1728, 6 vol. in-12, v. br., fig.

1526. Histoire de la terre sainte, par Rodriguez Sobrino, traduite par Poillou. *Tournai,* 1858, 2 vol. gr. in-8, d. v. bl. *cartes.*

1527. Geschichte des Volkes Israel, von Ewald. *Gottingen,* 1864, 8 vol. in-8, d.-rel. v. bl.

1528. Le Mont Hor; le Tombeau d'Aaron; études sur l'itinéraire des Israélites dans le désert, par le comte de Berton. *Paris,* 1860, gr. in-8, br.

1529. Etude historique et topographique de la tribu de Juda, par Rey. *Paris, Arth. Bertrand, s. d.,* in-4, br. *Cartes.*

1530. Phœnicia, by John Kenrick. *Lond.*, 1855, in-8, cart.

1531. Les Scythes, par Bergmann. *Colmar*, 1858, in-8, br. — Les Peuples primitifs de la race de Japhet, 1853, in-8, br.

1532. Hérodote, Arrien et Ctésias, traduits du grec en français. *Paris, Desrez*, 1837, gr. in-8, d.-rel.

1533. Thucydide et Xénophon, avec notices biographiques, par Buchon. *Paris, Desrez*, 1836, gr. in-8, d.-rel.

1534. Diodore de Sicile, traduit du grec, par Hœfer. *Paris*, 1851, 4 vol. in-12, d.-rel.

1535. Arriani expeditionis Alexandri libri vii, gr. et lat. *Amst.*, 1757, in-8, vél.

1536. Examen critique des anciens historiens d'Alexandre le Grand, par Sainte-Croix. *Paris*, 1810, in-4, rel.

1537. Voyage du jeune Anacharsis en Grèce, par Barthélemy. *Paris*, 1822, 7 vol. in-18, rel. et atlas.

1538. Histoire des origines de la Grèce ancienne, traduite de l'anglais de Connop Thirlwall. *Paulin*, 1852, in-8, d.-rel.

1539. Histoire de la Grèce ancienne, par V. Duruy. *Hachette*, 1862, 2 vol. in-8, d. v. fauve.

1540. Historia regni Græcorum Bactriani, autore Sig. Bayero. *Petropoli*, 1738, in-4, d.-rel.

1541. Lares and Penates, or Cilicia and its governors, by W. B. Barker. *London*, 1853, in-8, fig. et cartes, perc.

1542. Geschichte des Kaiserthums von Trapezunt, verfasst von Fallmerayer. *Munchen*, 1827, in-4, cart. n. r.

1543. Rome ancienne et moderne, par Mary-Lafon. *Furne*, 1852, gr. in-8, fig., d. v. bleu.

1544. Histoire romaine à Rome, par Ampère. *Paris, Mich. Lévy*, 1862, 4 vol. in-8, d.-rel. v. bl.

1545. Aurélius Victor, traduit par Dubois. — Solin, trad. par Agnan. *Panckoucke*, 1846-1847, 2 vol. in-8, d. v. bleu.

1546. Polybe, traduit du grec par F. Bouchot. *Paris*, 1847, 3 vol. in-12, d.-rel.

1547. Taciti Opera, edidit Brotier. *Parisiis*, 1776, 7 vol. in-12, v. m.

1548. Dionis Cassii Historiæ Romanæ quæ supersunt, gr. et lat., cur. Reymar. *Hamburgi*, 1750, 2 vol. in-fol., bas.

1549. Histoire romaine de Dion Cassius, traduite en français, avec le texte en regard, par Gros. *Paris, Didot*, 1861-66, 4 vol. in-8, br. (*Vol. V à VIII.*)

1550. Scriptores Historiæ Augustæ, cum Casauboni, Salmasii et Gruteri notis. *Lugd.-Batavorum*, 1671, 2 vol. in-8, d.-rel.

1551. Examen critique des historiens anciens de la vie et du règne d'Auguste, par Egger. *Paris*, 1844, in-8, rel.

1552. Histoire des empereurs romains, par Crévier. *Paris*, 1763, 12 vol. in-12, bas.

1553. Histoire de l'empire romain, par Laurentie. *Paris*, 1862, 4 vol. in-8, br.

1554. Amédée Thierry. Tableau de l'empire romain. — Récits de l'hist. romaine au vᵉ siècle. *Paris, Didier*, 1862, 2 vol. in-12, br.

1555. Les Césars, par M. de Champagny. *Paris*, 1859, 3 vol. in-12, d. ch.

1556. Les Antonins, par M. de Champagny. *Paris*, 1863, 3 vol. in-12, d. v.

1557. Notitia dignitatum et administrationum in partibus Orientis et Occidentis, notis illustravit E. Bœcking. *Bonnæ*, 1853, 2 vol. in-8, bas.

1558. Histoire de la décadence et de la chute de l'empire romain, traduite de l'angl. de Gibbon, par F. Guizot. *Paris, Lefèvre,* 1819, 13 vol. in-8, bas.

1559. Histoire de la chute de l'empire romain, par Simonde de Sismondi. *Paris,* 1835, 2 vol. in-8, d.-rel.

1560. Histoire romaine jusqu'à l'invasion des barbares, par V. Duruy. *Paris, Hachette,* 1863, in-12, d. v. fauve.

1561. Histoire d'Attila, par Amédée Thierry. *Paris, Didier,* 1865, 2 vol. in-12, br.

1562. Relations politiques de l'empire romain avec l'Asie orientale, par M. Reinaud. *Paris, Impr. impér.,* 1863, in-8, br.

Quelques notes manuscrites au crayon.

1563. Histoire générale des Huns, par de Guignes. *Paris,* 1756, 5 vol. in-4, d.-rel.

1564. Supplément à l'Histoire générale des Huns, des Turcs et des Mogols, de de Guignes, par J Senkowski. *Pétersbourg,* 1824, in-4, d.-rel.

1565. Histoire du bas-empire, par Lebeau. *Paris, F. Didot,* 1824-36, 21 vol. in-8, d.-rel.

1566. Corpus scriptorum historiæ Byzantinæ. *Bonnæ, Weber,* 1828 et seq., 27 vol. in-8, de diverses reliures.

Agathias, Anne Comnène, Cinnamus, G. Cedrenus, Chronicon paschale, Constantin Porphyrogénète, Dexippe, Léon le Diacre, Mich. Attaliota, Lydus, Nicetas Choniata, Nicéphore Grégoras, Procope, Théophane, Theophylactus Simocatta, Zonare.

1567. Rerum ab Alexio I, Manuele, et Alexio II, Comnenis Roman. Byzant. imperatoribus gestarum libri quatuor, autore Frederico Wilken. *Heidelbergæ,* 1811, in-8, d.-rel.

1568. Histoire de Justinien, par Isambert. *Paris, F. Didot,* 1856, 2 vol. in-8, fig. et cartes, d. mar. vert.

1569. De la Conqueste de Constantinople, par Villehardouin, avec des notes par M. Paulin Paris.
Jules Renouard, 1838, gr. in-8, d. v.

HISTOIRE MODERNE DE L'EUROPE.

A. *Généralités.*

1570. L'Europe au moyen âge, traduit de l'anglais
de Hallam par Borghers et Dudouit. *Paris,* 1837,
4 vol. in-8, d.-rel.

1571. Histoire générale du moyen âge, par Desmi-
chels. *Paris, Hachette,* 1835, 2 vol. in-8, d.-rel.

1572. La Civilisation au ve siècle, suivie d'un Essai
sur les écoles en Italie, du ve au xiiie siècle, par
A. Ozanam. *Paris,* 1855, 2 vol. in-8, d. v.

1573. Recueil des historiens des croisades. Historiens occidentaux (Guillaume de Tyr). *Paris,*
Impr. royale, 1844 à 1866, 3 vol. gr. in-fol., bas.
et brochés.

1574. Histoire des croisades entreprises pour la
délivrance de la terre sainte, traduite de l'anglais
de Ch. Mills, par Paul Tiby. *Paris,* 1835, in-8,
d.-rel.

1575. Histoire des croisades, par Michaud. *Paris,*
1825, 6 vol. — Bibliothèque des croisades. 1829,
4 vol. — Ensemble, 10 vol. in-8, d. v. ant. cartes.

1576. Histoire des croisades, par Michaud. *Paris,*
Furne, 1851, 6 vol. in-8, d.-rel. fig.

1577. Histoire de la première croisade, par Peyré.
Paris, 1859, 2 vol. in-8, br. *Cartes et plans.*

1578. Extraits des historiens arabes relatifs aux
croisades, par M. Reinaud. *Impr. royale,* 1829,
in-8, bas.

1579. Extrait des historiens arabes, par M. Reinaud. In-8, d.-rel. — Invasions des Sarrasins en
France, par le même. *Paris,* 1836, in-8, bas.

1580. Invasions des Sarrasins en France, pendant les viiie, ixe et xe siècles, d'après les auteurs chrétiens et mahométans, par M. Reinaud. *Paris,* 1836, in-8, br.

Avec des notes de la main de l'auteur.

1581. Essai sur l'influence des croisades, traduit de l'allemand de Heeren, par Ch. Villers. *Treuttel,* 1808, in-8, d.-rel.

1582. Histoire du commerce entre le Levant et l'Europe, depuis les croisades jusqu'à la fondation des colonies d'Amérique, par Depping. *Impr. royale,* 1830, 2 vol. in-8, d.-rel.

1583. Les Juifs au moyen âge, essai historique par Depping. *Impr. royale, s. d.,* in-8, d.-rel. — Histoire des Juifs, par Ch. Malo. *Paris, Leroux,* 1826, in-8, d.-rel.

1584. Les Juifs en France, en Italie et en Espagne, par Bédarride. *Paris,* 1859, in-8, d. v. fauve.

1585. Histoire des Bohémiens, ou Tableau des mœurs, usages et coutumes de ce peuple nomade, par Grellmann. *Paris,* 1810, in-8, d.-rel.

1586. Histoire des races maudites de la France et de l'Espagne, par Francisque Michel. *Paris, Frank,* 1847, 2 tom. en 1 vol. in-8, bas.

1587. La Période décennale de 1850 à 1860, ou Histoire universelle contemporaine, en tableaux, par Schnitzler. *Strasbourg, s. d.,* in-fol. cart.

1588. Annuaire de la Revue des Deux-Mondes. *Paris,* 1850 à 1858, 8 vol. in-8, rel.

B. *Histoire de France.*

1589. Abrégé chronologique de l'histoire de France, par le président Hénault. *Paris,* 1840, gr. in-8, d.-rel. v.

1590. Les Grandes Chroniques de France, selon qu'elles sont conservées en l'église de Saint-Denis, publiées par Paulin Paris. *Techener*, 1836, 2 vol. in-8, cartonnés.

1591. Table chronologique des diplômes, chartes, titres et actes imprimés concernant l'histoire de France, par de Bréquigny; tom. IV, rédigé et publié par M. Pardessus. *Paris, Impr. royale*, 1836, in-fol. br.

1592. Chroniques nationales françaises, publiées par Buchon. Du Cange, Histoire de Constantinople. — Chronique de la conquête de Constantinople. — Chronique de Villehardouin. — Ramon Muntauer. — Branche des royaux lignagnes. *Paris, Verdière*, 1826-28, 8 vol. in-8, d.-rel.

1593. Nouvelle Collection des mémoires pour servir à l'histoire de France depuis le XIIIe siècle jusqu'à la fin du XVIIIe, par MM. Michaud et Poujoulat. *Paris*, 1850, 32 vol. in-8, d. v. fauve.

1594. Recueil des historiens des Gaules et de France, tome XXII, publié par MM. de Wailly et Delisle. *Paris, Impr. imp.*, 1865, in-fol. br.

1595. Histoire de la civilisation en France et en Europe, par M. Guizot. *Paris, Didier*, 1840, 5 vol. in-8, d.-rel.

1596. OEuvres d'Augustin Thierry. *Paris,* 1846, 10 vol. in-12, d.-rel.

1597. Henri Martin. Histoire de France. *Paris, Furne,* 1857, 17 vol. in-8, d.-rel. v. f.

1598. Histoire de France d'après les monuments, par MM. H. Bordier et Ed. Charton. *Paris*, 1862, 2 vol. gr. in-8, sur deux colonnes, figures, d. v. bleu.

1599. Histoire maritime de France, par Léon Guérin. *Paris*, 1844, 2 vol. in-12, bas.

1600. Archéologie française. Recueil de brochures sur l'histoire ancienne et les antiquités de la France. Environ 5o br. in-4 et in-8.

Réunion importante.

1601. Polyptyque de l'abbé Irminon, ou Dénombrement des serfs et des revenus de l'abbaye Saint-Germain des Prés, publié par Guérard. *Paris, Impr. roy.*, 1844, 3 vol. in-4, rel.

Ouvrage devenu rare complet.

1602. Polyptyque de l'abbaye de Saint-Remi de Reims, publ. par Guérard. *Paris, Impr. impér.*, 1853, in-4, br.

1603. Dissertation sur l'état du commerce en France, sous les rois de la première et de la seconde race, par l'abbé Carlier. *Amiens,* 1753, in-12, d. v. bl.

1604. Recherches sur le commerce, la fabrication et l'usage des étoffes de soie, d'or et d'argent, principalement en France, pendant le moyen âge, par Francisque Michel. *Paris, Crapelet,* 1852, 2 vol. in-4, d.-rel.

1605. Institutions militaires de la France avant les armées permanentes, par Boutaric. *Paris, Plon,* 1863, in-8, br.

1606. Galliæ Narbonensis provinciæ romanæ historia, scripsit Herzog. *Lipsiæ,* 1864, in-8, br.

1607. Histoire des Francs. Grégoire de Tours et Frédégaire, traduction de M. Guizot. *Paris, Didier,* 1861, 2 vol. in-8, d.-rel. v. ant.

1608. Histoire des expéditions maritimes des Normands, par Depping. *Paris, Didier,* 1844, in-12, bas.

1609. Francis Monnier. Alcuin et son influence chez les Franks. *Paris,* 1853, in-8, br. — Alcuin et Charlemagne, 1864, in-18, br.

1610. OEuvres d'Eginhard, en latin, avec une traduction française et des notes, par Teulet. *Paris,
Jules Renouard,* 1840, 2 vol. gr. in-8, bas.

1611. Recherches et matériaux pour servir à une
histoire de la domination française du XIII° au
XV° siècle, dans les provinces de l'empire grec, à
la suite de la quatrième croisade, par Buchon.
Paris, Desrez, 1840, 2 tomes en 1 vol. gr. in-8,
d.-rel.

1612. Négociations de la France dans le Levant, publiées par Charrière. *Paris, Impr. nat.,* 1848, 3 vol.
in-4, rel.

1613. Histoire de la Gaule méridionale sous la domination des conquérants germains, par Fauriel.
Paris, Paulin, 1836, 4 vol. in-8, cartonnés et
rognés.

1614. Histoire du midi de la France, par Mary-
Lafon. *Paris, Gosselin,* 1843, 4 vol. in-8, d.-rel.

1615. Histoire de la guerre de Navarre en 1276 et
1277, par Guillaume Anelier, de Toulouse, publiée
par Francisque Michel. *Paris, Impr. impér.,* 1856,
in-4, cartonné.

1616. Histoire de saint Louis, par le marquis de
Villeneuve-Trans. *Paris,* 1839, 3 vol. in-8, d.-rel.

1617. Mémoires de Jean, sire de Joinville, publiés
par Francisque Michel, et précédés de dissertations par M. Ambr. F. Didot, et d'une notice par
M. Paulin Paris. *F. Didot,* 1858, pet. in-8, fig.,
d. v. vert.

1618. OEuvres de Jean, sire de Joinville, comprenant l'histoire de saint Louis, le Credo et la lettre
à Louis IX, avec un texte rapproché du français
moderne, mis en regard du texte original, par
M. Natalis de Wailly. *Paris,* 1867, gr. in-8, br.

1619. Jacques Cœur et Charles VII, ou la France
au XV° siècle, par Pierre Clément. *Paris, Guillaumin,* 1853, 2 vol. in-8, d.-rel. mar. r.

1620. Richer, histoire de son temps, traduit avec le texte en regard, par J. Guadet. *Paris, Jules Renouard,* 1845, 2 vol. gr. in-8, bas. Tomes III et IV.

1621. Histoire du règne de Henri IV, par Auguste Poirson. *Paris,* 1865, 2 vol. gr. in-8. br. (T. III et IV.)

1622. Histoire des protestants de France, par de Félice. *Paris,* 1851, in-8, rel.

1623. Mémoires (abrégés) du duc de Saint-Simon, publiés par Laurent. *Paris,* 1818, 6 vol. in-8, d.-rel.

1624. Histoire de France pendant le xviii° siècle, par Ch. Lacretelle. *Paris,* 1844, 6 vol. in-8, d.-rel.

1625. Louis XVI, par le comte de Falloux. *Paris,* 1852, in-12, d. v.

1626. Histoire de la révolution française, par Ch. Lacretelle. *Paris,* 1844, 8 vol. in-8, d.-rel.

1627. Histoire de la révolution française, par M. Thiers. *Paris, Furne,* 1846, 8 vol. in-12, d. maroq. r.

1628. Histoire scientifique et militaire de l'expédition française en Egypte. *Paris,* 1830-36, 10 vol. in-8, d.-rel. v. et 2 vol. in-4 obl. d'atlas.

1629. Histoire de l'expédition française en Egypte, rédigée par Bory-Saint-Vincent, Geoffroy-Saint-Hilaire et autres. *Paris,* 1832-39, 10 vol. in-8, br., et 2 atlas in-4 oblongs.

1630. Histoire de l'expédition française en Egypte, par P. Martin. *Paris,* 1815, 2 vol. in-8, d. v.

1631. Histoire de l'expédition française en Egypte par Noukala el Turk, publiée et traduite avec le texte arabe, par Desgranges. *Impr. royale,* 1839, in-8, d.-rel.

1632. Histoire du Consulat et de l'Empire, par Lacretelle. *Paris, Amyot,* 1846, 6 vol. in-8, d.-rel.

1633. Histoire du Consulat et de l'Empire, par Thiers. *Paris, Paulin,* 1845, 20 vol. in-8, d.-rel. v.

1634. Atlas de l'histoire du Consulat et de l'Empire, par M. Thiers. *Paris, Paulin,* 1859, in-fol., d.-rel., 66 pl.

1635. Récits de la captivité de l'empereur Napoléon à Sainte-Hélène, par Montholon. *Paulin,* 1847, 2 vol. in-8, d.-rel.

1636. Mémorial de Sainte-Hélène, par le comte de Las Cases. *Paris, Bourdin,* 1842, 2 vol. gr. in-8, v. bleu, fil., fig.

1637. Mémoires de la duchesse d'Abrantès, ou Souvenirs historiques sur Napoléon. *Paris,* 1835, 12 vol. in-8, d.-rel.

1638. Mémoires de Masséna, rédigés par le général Koch. *Paris,* 1848-50, 7 vol. in-8, d. mar. br.

1639. Histoire de la Restauration, par Rittiez. *Paris,* 1853, 2 vol. in-8, d. v. fauve.

1640. Histoire de Louis-Philippe Ier, par Rittiez. *Paris,* 1855, 3 vol. in-8, d.-rel. mar.

1641. Mémoires historiques, par M. Mignet. — Antonio Perez, par le même. *Paris, Charpentier,* 1854, 2 vol. in-12, d. v. rouge.

1642. Notices historiques, par M. Mignet. *Paris,* 1853, 2 vol. in-8, d. v. bleu.

1643. Précis historique des opérations militaires en Orient, par Du Casse. *Paris,* 1856, in-8, d.-rel. mar., cartes.

1644. L'Administration sous l'ancien régime. — Les Intendants de la généralité d'Amiens (Picardie et Artois). *Paris,* 1865, gr. in-8, br.

1645. Règlements concernant les consulats et le commerce des Français dans les échelles du Levant. *Paris, Impr. impériale,* 1812, in-4, d.-rel.

1646. Histoire de Paris et de ses monuments, par Dulaure. *Paris, Furne,* 1846, gr. in-8, d.-rel., fig.

1647. Histoire de l'Université de Paris aux xvii² et xviii² siècles, par Charles Jourdain. *Paris, Hachette,* 1862, 3 livr. in-fol. — Index chronol. chartarum pertinentium ad historiam Universitatis Parisiensis, studio Car. Jourdain. 1862, 3 livr. in-fol.

1648. Versailles ancien et moderne, par le comte de Laborde. *Paris,* 1841, gr. in-8, fig., d.-rel.

1649. L'Ystoire de li Normand et la Chronique de Robert Viscart, par Aimé, moine du Mont-Cassin, publiées par Champollion-Figeac. *Paris, J. Renouard,* 1835, gr. in-8, d. v.

1650. Histoire des ducs et des comtes de Champagne, par d'Arbois de Jubainville. *Paris,* 1859-63; 5 tomes en 6 vol. in-8, br.

1651. Histoire des ducs de Bourgogne, de la maison de Valois, par de Barante. *Paris, Furne,* 1847, 8 vol. in-8, d.-rel. v. figures.

1652. La Franche-Comté à l'époque romaine, représentée par ses ruines, par Ed. Clerc. *Besançon,* 1847, in-8, br. *fig. et carte.*

1653. Essai sur l'histoire de la Franche-Comté, par Ed. Clerc. *Besançon,* 1840, 2 vol. in-8, br.

1654. Histoire de la Franche-Comté, par Eug. Roubief. *Paris,* 1851, gr. in-8, fig., d. v. ant.

1655. Histoire de la ville de Lyon, par Monfalcon. *Lyon,* 1847, 2 vol. gr. in-8, d. ch.

1656. Essai hist. sur Saint-Bertrand de Comminges, par Morel. *Toulouse.* 1852. — Histoire de Vence, par Tisserand, 1860. — Les Monuments de Carcassonne, par Cros, 1850. — Histoire de Bagnères de Luchon, par Castillon, 1851. — Les Mérovingiens d'Aquitaine, par Rabanis, 1856. — 5 broch. in-8.

1657. Histoire de la Gascogne, par l'abbé Monlezun, *Auch,* 1846, 6 vol. in-8, d.-rel.

1658. Le Château de Pau, son hist. et sa description, par Bascle de Lagrèze. *Paris, Didron,* 1854, gr. in-8, d. mar.

1659. Ed. de Laplane. Histoire municipale de la ville de Sisteron. *Paris,* 1840, 1 vol. — Histoire de Sisteron, tirée de ses archives. *Digne,* 1843, 2 vol. — Ensemble 3 vol. gr. in-8, bas., *fig. et cartes.*

1660. Précis de l'histoire de la ville de Gap, par Théod. Gautier. *Gap,* 1844, gr. in-8, d. v.

1661. Histoire de Provins, par Félix Bourquelot. *Provins,* 1839, 2 vol. in-8, fig., d.-rel.

1662. Histoire de l'ancienne cathédrale des évêques d'Alby, par Eugène d'Auriac. *Paris, Impr. impér.,* 1858, in-8, br.

1663. Abrégé de l'histoire de Languedoc, par Dom Vaissette. *Paris,* 1749, 5 vol. in-12, d. mar.

1664. Hist. du Commerce de Montpellier, antérieurement à l'ouverture du port de Cette, par Germain. *Montpellier,* 1861, 2 vol. in-8, br.

1665. Histoire du Comté de Foix, par Castillon. *Toulouse,* 1852, 2 vol. in-8, d.-rel.

1666. Histoire du Roussillon, par Henry. *Impr. roy.,* 1835, 2 vol. in-8, d.-rel.

1667. Histoire générale de Provence (par Papon). *Paris,* 1777, 4 vol. in-4, v. fig.

1668. Mémoires pour servir à l'histoire des royaumes de Provence et de Bourgoge-Jurane, par Fréd. de Gingins la Sarra. *Lausanne,* 1851, 2 part. en 1 vol. in-4, d.-rel. mar.

1669. Histoire de Marseille, par Am. Boudin. *Paris,* 1852, gr. in-8, fig. d. v. fauve.

1670. La Major, cathédrale de Marseille, par Casimir Bousquet. *Marseille,* 1857, in-8, br.

1671. Aperçu historique sur les Embouchures du Rhône, par Ern. Desjardins. *Paris*, 1866, in-4, br. 21 *planches.*

1672. Histoire du monastère de Lerins, par l'abbé Alliez. *Paris, Didier*, 1862, 3 vol. gr. in-8, d.-rel. v.

1673. Histoire civile et religieuse de la cité de Nice et du département des Alpes-Maritimes, par Tisserand. *Nice*, 1862, 2 parties en 1 vol. in-8, d.-rel.

1674. La Corse et son avenir, par J. de la Rocca. *Plon,* 1857, gr. in-8, d. mar., *avec tableaux statistiques.*

C. *Histoire étrangère.*

1675. A. Ozanam. Les Germains avant le christianisme. — La Civilisation chrétienne chez les Francs. *Paris*, 1847-49, 2 vol. in-8, d.-rel.

1676. Histoire de la lutte des papes et des empereurs de la maison de Souabe, par Cherrier. *Paris, Furne*, 1858, 3 vol. gr. in-8, d. v. br.

1677. Vie et correspondance de Pierre de la Vigne, ministre de l'empereur Frédéric II, par Huillard-Bréholles. *Paris*, 1864, in-8, br.

1678. La Hongrie, son histoire, sa littérature et ses monuments, par une société de littérateurs. *Paris, Lebrun*, 1851, gr. in-8, fig., d.-rel.

1679. Histoire pittoresque de l'Angleterre, par de Roujoux. *Paris*, 1834, 3 vol. gr. in-8, fig., d. v. rouge.

1680. Recueil choisi des dépêches et des ordres du jour du feld-maréchal Wellington. *Bruxelles*, 1843, gr. in-8, rel.

1681. Histoire d'Italie, par Henri Léo. *Parent-Desbarres*, 1837-39, 3 vol. gr. in-8, d.-rel.

1682. Gli Arabi in Italia, esercitazione storica di Davide Bertolotti. *Torino*, 1838, in-8, cartonné.

1683. Storia dei Musulmani di Sicilia, scritta da Amari. *Firenze*, 1854, 2 vol. in-8, br.

1684. Rerum arabicarum quæ ad historiam Siculam spectant ampla collectio studio R. Gregorio. *Panormi*, 1790, in-fol., bas.

1685. Rerum ab Arabibus in Italiâ insulisque adjacentibus, Sicilia maxime, Sardinia atque Corsica gestarum, commentarii, scripsit G. Wenrich. *Lips.*, 1845, in-8, bas.

1686. Histoire des invasions des Sarrasins en Italie, du viie au xie siècle, par César Famin. *Paris, F. Didot*, 1843, in-8, d. ch. — Tome I.

1687. Recherches sur les monuments et l'histoire des Normands et de la maison de Souabe dans l'Italie méridionale, publiées par les soins de M. le duc de Luynes. Texte par A. Huillard de Bréholles; dessins par Victor Baltard. *Paris*, 1844, gr. in-fol. d.-rel., fig.

1688. Chronicon Novaliciense, C. Combetti edidit. *Taurini*, 1843, gr. in-8, papier vélin, cartonné.

1689. Histoire de la République de Gênes, par Emile Vincens. *Paris, F. Didot*, 1842, 3 vol. in-8, d.-rel.

1690. Histoire de Venise, par P. Daru. *Paris, F. Didot*, 1821, 8 vol. in-8, cartes, d.-rel.

1691. Histoire de la République de Venise, par Léon Gallibert. *Paris, Furne*, 1850, gr. in-8, fig. bas.

1692. La Guerra del Vespro Siciliano, scritta da Mich. Amari. *Firenze*, 1851, in-12, bas.

1693. Itinéraire de l'île de Sardaigne, par Albert de la Marmora. *Turin, Bocca*, 1860, 2 vol. gr. in-8, br. fig. et carte.

1694. Malta antica illustrata coi monumenti et coll'
istoria, dal prelato Bres. *Roma*, 1816, in-4, fig.
d.-rel.

1695. Histoire des chevaliers de Malte, par Vertot.
Paris, 1726, 4 vol. in-4, v. br. *portraits*.

1696. Histoire de Malte, par Miège. *Paris*, *Paulin*,
1840, 3 vol. in-8, d.-rel.

1697. Histoire de l'île de Chypre, sous le règne des
princes de la maison de Lusignan, par de Mas-
Lattrie. *Paris*, *Impr. impér.*, 1861, 3 vol. gr.
in-8, br.

1698. De l'Univers pittoresque : Espagne, par Lavallée, 1847. — Portugal, par Ferd. Denis, 1846.
— 3 vol. in-8, fig. d.-rel.

1699. Histoire d'Espagne, par Ch. Romey. *Paris*,
Furne, 1839-1850, 9 vol. in-8, d. rel.

1700. Recherches sur l'histoire politique et littéraire
de l'Espagne pendant le moyen âge, par Dozy.
Leyde, *Brill*, 1849, gr. in-8, d. v. fauve.

1701. Recherches sur l'histoire et la littérature de
l'Espagne pendant le moyen âge, par R. Dozy.
Leyde, *Brill*, 1860, 2 vol. in-8, d. v. fauve.

1702. Histoire des Musulmans d'Espagne jusqu'à la
conquête de l'Andalousie par les Almoravides,
par Dozy. *Leyde*, 1861, 4 vol. in-8, d. v. fauve.

1703. Historia de la dominación de los Arabes en
España, por el doctor Condé. *Baudry*, 1840, in-8,
d.-rel.

1704. Histoire de la domination des Arabes et des
Maures en Espagne et en Portugal, rédigée sur
l'histoire traduite de l'arabe en espagnol, de
J. Condé, par Marlès. *Paris*, 1825, 3 vol. in-8,
d.-rel.

1705. Historia del rebelion y castigo de los Moriscos
del reyno de Granada, hecha por Luis del Mar-

mol Carvajal. *Madrid, Sancha,* 1797, 2 vol. pet. in-4, fig., bas.

1706. Guerra de Granada, que hizo el rey Don Felipe II, contra los Moriscos de aquel reino, por Hurtado de Mendoza. *En Valencia*, 1776, pet. in-4, bas.

1707. Histoire des Mores Mudejares et des Morisques, ou des Arabes d'Espagne sous la domination des chrétiens, par Albert de Circourt. *Paris, Dentu,* 1846, 3 vol. in-8, d.-rel.

1708. Histoire des Arabes et des Mores d'Espagne, par L. Viardot. *Paris,* 1851, 2 vol. in-8, d.-rel.

1709. Chroniques chevaleresques de l'Espagne, par Ferd. Denis. *Paris,* 1839, 2 vol. in-8, d.-rel.

1710. Rodrigo el Campeador, estudio historico, por Malo de Molina. *Madrid,* 1857, in-4, d.-rel.

1711. The History of the reign of the emperor Charles V, by W. Robertson. *London,* 1811, 4 vol. in-8, bas.

1712. Histoire du règne de l'empereur Charles-Quint, par W. Robertson. *Paris,* 1822, 4 vol. in-8, bas.

1713. Charles-Quint, par M. Mignet. *Didier,* 1857, in-12, d. v. bleu.

1714. Etudes sur les Juifs d'Espagne, par Don José Amador de los Rios, trad. par Magnabal. *Paris,* 1861, in-8, d.-rel.

1715. Le Pays basque, sa population, sa langue, ses mœurs, par Francisque Michel. *Paris,* 1857, in-8, br.

1716. Le Portugal et ses colonies, par Ch. Vogel. *Paris,* 1860, in-8, br.

1717. Histoire de la régénération de la Grèce, par Pouqueville. *Paris, F. Didot,* 1825, 4 vol. in-8, bas. fig. et cartes.

1718. Sur l'Utilité des langues orientales pour l'étude de l'histoire de Russie, par Charmoy. *Saint-*

Petersbourg, 1834.—Sur les Origines russes, extraits de manuscrits orientaux, par de Hammer. *Saint-Petersbourg*, 1825, 2 part. en 1 vol. in-4, d.-rel.

1719. Histoire de Russie, par Ch. Levesque. *Paris*, 1812, 8 vol. in-8, d.-rel.

1720. La Russie, par Schnitzler. *Paris*, 1855, gr. in-8, br. figures.

1721. De Historia maris Caspii, scripsit Kephalides. *Gottingæ*, 1814, p. in-8, d.-rel.

1722. Geschichte der Goldenen Horde in Kiptschak; das ist : der Mongolen in Russland, von Hammer-Purgstall. *Pesth*, 1840, in-8, bas.

1723. La Chronique de Nestor, traduite d'après l'édition de Pétersbourg, avec des notes, par L. Paris. *Heideloff*, 1834, 2 vol. in-8, d.-rel.

1724. Estat de l'empire de Russie et grand-duché de Moscovie, de 1590 à 1606, par le capitaine Margeret; nouvelle édition, publiée par Henri Chevreul. *Paris, Potier*, 1860, pet. in-12, br. *édition elzévirienne.*

1725. La Russie dans l'Asie Mineure, ou campagnes du prince Paskevitch en 1828 et 1829. *Paris*, 1840, gr. in-8, bas.

1726. L'Empire des Tsars, au point actuel de la science, par Schnitzler. *Paris, veuve Berger-Levrault*, 1856-62 et 1866, 3 vol. gr. in-8, br.

1727. Histoire de l'empire othoman, par Démétrius Cantimir. *Paris*, 1743, 4 vol. in-12, v.

1728. Histoire de l'empire ottoman, par Mignot. *Paris*, 1771, in-4, d.-rel.

1729. Histoire de l'empire ottoman, par de Hammer. *Paris*, 1835, 18 vol. in-8, d.-rel. et atlas in-fol.

1730. Tableau général de l'empire ottoman, par Mouradja-d'Ohsson. *Paris, impr. de Monsieur*, 1788, et *F. Didot*, 1824, 7 vol. in-8, bas.

1731. Histoire de l'empire ottoman, de 1792 à 1844, par Juchereau de Saint-Denys. *Paris*, 1844, 4 vol. in-8, d.-rel.

1732. Lettres du baron de Busbec, ambassadeur auprès de Soliman II, sur la Turquie, traduites par de Foy. *Paris,* 1748, 3 vol. in-12, v. m.

1733. Mémoires du baron de Tott sur les Turcs et les Tartares. *Amst.*, 1784, 4 part. en 2 vol. in-8, v. m.

1734. Précis historique de la guerre des Turcs contre les Russes, de l'année 1769 à l'année 1774, tiré des Annales de Vassif Effendi, par Caussin de Perceval. *Paris*, 1822, in-8, d.-rel.

1735. Précis historique de la destruction du corps des Janissaires par le sultan Mahmoud, en 1826, traduit du turc par Caussin de Perceval. *Paris, F. Didot*, 1833, in-8 d.-rel.

1736. Les Slaves de Turquie, par Cyprien Robert. *Paris*, 1852, 2 tomes en 1 vol. in-8, bas. — Le Monde slave, par le même. *Ibid.*, 2 vol. in-8, bas.

1737. Belin. Essais sur l'histoire économique de la Turquie. *Impr. impér.,* 1865, in-8, br.—Étude sur la propriété foncière en Turquie. 1862, in-8, d. mar. vert.

1738. Le Secrétaire turc, contenant l'art d'exprimer ses pensées sans se voir et sans s'écrire, avec une relation de plusieurs particularités du sérail, par Du Vignau. *Paris,* 1688, pet. in-12, d. ch.

1739. Nouvelle Description de la ville de Constantinople, avec la relation de l'ambassadeur de la Porte ottomane et de son séjour à la cour de France. *Paris,* 1721, in-12, v. br. carte.

1740. Constantinople ancienne et moderne, illustrée par Allom, avec un texte, par Léon Galibert et Pellé. *Londres, Fisher, s. d.*, 3 vol. in-4, perc., *fig. sur acier.*

1741. Le Bosphore et Constantinople, avec perspective des pays limitrophes, par Tchihatcheff. *Paris, Morgand,* 1864, gr. in-8, broch. figures et cartes.

1742. Lettres sur la Turquie, par Ubicini. *Paris, Dumaine,* 1853, 2 vol. in-12, d. ch.

HISTOIRE D'ASIE.

A. *Généralités.*

1743. Bibliothèque orientale, ou dictionnaire universel, contenant tout ce qui regarde la connaissance des peuples de l'Orient, par d'Herbelot. *Paris,* 1697, in-fol. v. br. *Première édition.*

1744. Bibliothèque orientale, par d'Herbelot. *La Haye,* 1777-79, 4 vol. in-4, v. ant. fil.

1745. Da Asia, de João de Barros e de Diego de Conto, nova edição. *Lisboa,* 1778-88, 24 vol. pet. in-8, cartes, v. ant.

1746. H. Hottingeri historia orientalis, ex variis orientalium monumentis collecta. *Tiguri,* 1660, in-4, parch.

1747. Tableau historique de l'Orient, par Mouradja d'Hosson. *Paris, Didot jeune,* 1804, 2 vol. in-8, d.-rel.

1748. Recherches curieuses sur l'histoire ancienne de l'Asie, par Chahan de Cirbied. *Paris,* 1806, in-8, v. jaspé, fil.

1749. Mémoires relatifs à l'Asie, par Klaproth. *Paris,* 1826, 3 vol. in-8, d.-rel. carte et fig.

1750. Tableaux historiques de l'Asie, par Klaproth. *Paris,* 1826, in-4, bas et atlas in-fol.

1751. De l'Univers pittoresque : Asie Mineure, par MM. Lebas et Texier, 1862-1863. — Assyrie, etc., par Hœfer, 1852. — Turquie, par Jouannin, 1840.

— Grèce, par M. Brunet de Presle, 1860. — Ens. 5 vol. in-8, fig. br. et rel.

1752. De l'Univers pittoresque : Arabie, par M. Noël des Vergers, 1847. — Inde, par Xavier Raymond, 1845. — Japon, Indo-Chine et Ceylan, par Dubois de Jancigny, 1850. — Ensemble 4 vol. in-8, d.-rel., figures.

B. *Histoire des Arabes et des Musulmans. — Histoire de l'Arménie, de la Syrie et de la Géorgie.*

1753. Lettres sur l'histoire des Arabes avant l'islamisme, par Fulgence Fresnel. *Paris*, 1836, in-8, d.-rel. — Historia Iemanæ, edidit Johansem. *Bonn*, 1828, in-8, d.-rel.

1754. Essai sur l'histoire des Arabes avant l'islamisme, pendant l'époque de Mahomet et jusqu'à la réduction de toutes les tribus sous la loi musulmane, par M. Caussin de Perceval. *Paris, F. Didot*, 1847, 3 vol. in-8, bas.

1755. Ism. Abulfeda. De vita et rebus gestis Mahommedis, arab. et lat., edidit Gagnier. *Oxoniæ*, 1723, in-fol. d.-rel.

1756. Vie de Mohammed, texte arabe d'Aboulféda, avec une traduction et des notes, par A. Noel des Vergers. *Paris, Impr. royale*, 1837, gr. in-8, d.-rel.

1757. Das Leben Muhammed's, von Ibn Hischam, (Text) herausgg. von Wustenfeld. *Gottingen*, 1858, 2 vol. in-8, d.-rel. v. r.

1758. Das Leben Mohammed's, von Ibn Hischam, aus dem Arabischen übersetzt von Gust. Weil. *Stuttgardt,* 1864, 2 vol. in-8, d.-rel. v.

1759. The Life and religion of Mohammed, by Moh. Baker, translated from the persian, by J. Merrick. *Boston,* 1850, in-8, perc.

1760. La Vie de Mahomet, par Gagnier. *Amst.*, 1748, 3 vol. in-12, v.

1761. The Life of Mohammed from original sources, by Sprenger Allahabad. 1851, in-8, d.-rel.

1762. Des Effets de la religion de Mohammed, par OElsner. *Paris*, 1810, in-8, d. mar. v.

1763. Histoire du mahométisme, trad. de l'angl. de Mills, par G. Buisson. *Guernesey*, 1826, in-8, d.-rel. — Histoire des Wahabis, par Corancez. *Paris*, 1810, in-8, d.-rel.

1764. The History of mohammedanism and its sects, by C. Taylor. *London*, 1851, in-12, cart.

1765. J. Leunclavii annales sultanorum othmanidarum. — Augustini Curionis historia Saracenica. *Francof.*, 1596, in-fol., vélin.

1766. Histoire des Sarrasins, traduite de l'anglais de S. Ockley. *Paris, Nyon*, 1748, 2 vol. in-12, v. m.

1767. Chronological retrospect, or memoirs of the principal events of Mohammedan history, from the death of the arabian legislator to the accession of the emperor Akbar and the establishment of the mogul empire in Hindustan, by David Price. *London*, 1811-1821, 4 vol. in-4, cartonnés.

1768. Annales Islamismi, e codd. mss. arabicis, composuit et edidit Rasmussen. *Hauniæ*, 1825, in-4, cart.

1769. Zur Geschichte der Araber vor Muhamed, von Ruhle von Lilienstern. *Berlin*, 1836, d. v.

1770. J. Reiskii primæ lineæ historiæ regnorum arabicorum et rerum ab Arabibus medio inter Christum et Muhammedem tempore, gestarum; edidit Wustenfeld. *Gottingæ*, 1847, in-8, d.-rel.

1771. The History of the Saracens, by Simon Ockley. *London*, 1847, in-12, cart. en perc., fig.

1772. Histoire des Arabes, par M. Sédillot. *Hachette,* 1854, in-12, d. ch.

1773. Geschichte der islamitischen Völker, von G. Weil. *Stuttgard,* 1866, in-8, br.

1774. Notice sur la vie de Saladin, et autres opuscules relatifs à l'Orient, par M. Reinaud. *Paris,* 1824-1838, in-8, d.-rel.

1775. Mémoire sur les émirs Al-Omera, par M. Defrémery, 1848. — Ibn Khalduni narratio de exped. Francorum in terras islamismo subjectas. *Upsaliæ,* 1840, et autres pièces dans le même vol. — in-4, bas.

1776. Historia patriarcharum Alexandr. jacobitarum, accedit epitome historiæ Muhammedanæ; omnia collecta ex autoribus arabicis. *Parisiis,* 1713, in-4, v.

1777. Geschichte der Chande der Krimm unter osmanischer Herrschaft, von Hammer-Purgstall. *Wien,* 1856, pap. vélin, gr. in-8, d. v.

1778. Register zu den genealogischen Tabellen der arabischen Stämme und Familien, mit historischen und geogr. Bemerkungen, von Dr Wuestenfeld. *Gœttingen,* 1853, in-8, d. v. fauve. — Genealogische Tabellen, 1852, in-4, obl., d.-rel., chagr.

1779. Femmes arabes avant et depuis l'islamisme, par le Dr Perron. *Paris,* 1858, gr. in-8, d. v. r.

1780. Histoire de l'ordre des Assassins, par J. de Hammer, traduite de l'allemand, par Hellert. *Paris,* 1833, in-8, d -rel.

1781. Recueil des rites et cérémonies du pèlerinage de la Mecque, par Galland. *Paris,* 1754, in-12, v.

1782. Gr. Abulpharagii, sive Bar-Hebræi chronicon Syriacum, ediderunt notisque illustraverunt J. Bruns et G. Kirsch (syriacè et latinè). *Lips.,* 1788, 2 vol. in-4, bas.

1783. Histoire des Druses, par Puget de Saint-Pierre. *Paris*, 1763. — Istoria di Faccardino, gran emir dei Drusi. *Livorno*, 1787, 2 tomes en 1 vol. in-12, d.-rel.

1784. La Nation druse, son histoire, son état politique, par H. Guys. *Paris*, 1863, in-8, br.

1785. Mittel-Syrien und Damascus, Studien von Kremer. *Wien*, 1853, in-8, br.

1786. La Vérité sur la Syrie et l'expédition française, par B. Poujoulat. *Paris, Gaume*, 1861, in-8, d. v. br.

1787. Palestine. Description géogr., hist. et archéol., par S. Munk. *Paris, F. Didot*, 1845, in-8, fig., bas.

1788. Histoire de Jérusalem, par M. Poujoulat. *Paris*, 1856, 2 vol. in-12, d. v. bleu.

1789. Recherches sur la chronologie arménienne, par M. Ed. Dulaurier. Tome 1er, *Impr. impér.*, 1859, in-4, br.

1790. Moïse de Khorène. Histoire d'Arménie (arménien et français), trad. par Levaillant de Florival. *Venise*, 1841, 2 vol. gr. in-8, bas.

1791. Histoire d'Arménie, par Jean Catholicos, trad. par J. Saint-Martin. *Paris, Impr. royale*, 1841, in-8, d.-rel.

1792. Mékhitaristes de Saint-Lazare. Histoire d'Arménie, littérature arménienne, par Levaillant de Florival. *Venise*, 1841. — Synodalrede des Nerses, armenischen Erzbischofs von Tarsus. *Leipzig*, 1834. — 2 ouvr. en 1 vol. in-8, d.-rel.

1793. Bibliothèque historique arménienne, ou choix des principaux historiens arméniens, traduits par Ed. Dulaurier. *Paris, Aug. Durand*, 1858, in-8, br.

1794. Mémoires sur l'Arménie, par Saint-Martin. *Paris, Impr. royale*, 1818, 2 vol. gr. in-8, bas.

1795. Researches in Asia Minor and Armenia, by W. Hamilton. *London, Murray,* 1842, 2 vol. in-8, fig. et cartes, perc.

1796. Soulèvement national de l'Arménie chrétienne sous le prince Vartan, par El. Vartabed. *Paris,* 1844, in-8, bas.

1797. Histoire de la Siounie, par Saint-Orbelian, trad. de l'arménien par Brosset. *Saint-Pétersbourg,* 1864, in-4, br. — Les Ruines d'Ani, capitale de l'Arménie, 1861, in-4, br.

1798. Ruines d'Ani, capitale de l'Arménie sous les rois Bagratides, aux xe et xie siècles, histoire et description par Brosset. *Saint-Pétersb.,* 1860, 2 part. in-4, obl. formant un atlas de 45 planches.

1799. Chronique géorgienne, traduite par Brosset, jeune, avec le texte géorgien lithographié. *Impr. royale,* 1830, in-8, d.-rel.

1800. Brosset. Matériaux pour servir à l'histoire de la Géorgie, de 1201 à 1755. — Geographica Caucasia, von Dr Dorn. *St. Petersburg,* 1841-47, 2 parties en 1 vol. in-4, d.-rel., *deux planches coloriées et une carte.*

1801. Histoire de la Géorgie depuis l'antiquité jusqu'au xixe siècle, par M. Brosset, de l'académie des sciences de St-Pétersbourg. *Saint-Pétersbourg,* 1858, 2 vol. gr. in 4, d. maroq. rouge.

1802. Les Peuples du Caucase et leur guerre d'indépendance contre la Russie, par Fréd. Bodenstedt. *Dentu,* 1859, in-8, br.

1803. Fragments de géographes et d'historiens arabes et persans inédits, relatifs aux anciens peuples du Caucase et de la Russie méridionale, par M. Defrémery. *Impr. nat.,* 1849, et autres fragments, extraits et opuscules du même, en 1 vol. in-8, d.-rel.

C. *Histoire de la Perse et de l'Afghanistan.*

1804. La Perse, par L. Dubeux. *Paris, F. Didot,* 1841, in-8, d.-rel., fig. (Univers pitt.)

1805. Historia religionis veterum Persarum, eorumque magorum, auth. Hyde. *Oxonii,* 1760, in-4, vél.

1806. Syntagma dissertationum quas olim auctor doct. Hyde separatim edidit. *Oxonii,* 1767, 2 vol. in-4, v. f.

1807. J. Saint-Martin. Fragments d'une histoire des Arsacides. *Imprimerie nationale,* 1850, 2 vol. — Rech. sur l'hist. et la géogr. de la Mésène et de la Characène, *Imp. roy,,* 1838. — Ensemble, 3 vol. in-8, d.-rel.

1808. Bayeri historia Osrhoeana et Edessena, ex nummis illustrata. *Petropoli,* 1734, in-4, d.-rel. v.

1809. Ephemerides Persarum per totum annum.... e turcico in latinum vertit Fred. Beckius. *Augustæ-Vindelicorum,* 1695, in-fol. d.-rel.

1810. Amœnitates exoticæ, quibus continentur descriptiones rerum persicarum et ulterioris Asiæ, per universum orientem collectæ, ab Eng. Kempfero. *Lemgo,* 1712, in-4, fig., vélin.

1811. Veteris Mediæ et Persiæ monumenta, descripsit Hoeck. *Gottingue,* 1817, 8 pl. — Historia priorum regum Persarum, ex Mirchond, persice et latine. *Viennæ,* 1782, 2 t. en 1 vol. in-4, d.-rel.

1812. Brissonii de regio Persarum principatu libri tres. *Parisiis,* 1595, in-8, parchemin.

1813. Rerum persicarum historia, auct. Bizaro. *Francof.,* 1601, in-fol. vélin.

1814. Nicolas de Khanikoff. Mémoire sur l'ethnographie de la Perse. *Paris,* 1866, in-4, br. —

Mémoire sur la partie méridionale de l'Asie centrale, 1862, in-4, br. carte.

1815. Mémoires sur les antiquités de la Perse et sur l'histoire des Arabes avant Mahomet, par Silvestre de Sacy. *Paris, s. d.* in-4, d.-rel. v.

1816. Mémoires sur diverses antiquités de la Perse, et sur les médailles des rois de la dynastie des Sassanides, suivis de l'histoire de cette dynastie, traduite de Mirkhond, par M. Silvestre de Sacy. *Paris,* 1763, in-4, bas.

1817. Dictionnaire géogr., historique et littéraire de la Perse et des contrées adjacentes, par M. Barbier de Meynard. *Paris, Impr. imp.,* 1861, gr. in-8, d. v. bl.

1818. Relaciones de Pedro Texeira del origen de los reyos de Persia, y de un viage hecho por el mismo autor. *Amberes,* 1610, pet. in-8, parch.

1819. *Tarich Fenaï.* Histoire des anciens rois de Perse, en turk. *Vienne* (1199 de l'hégire), 1784, gr. in-4, bas. rouge.

C'est le n° 3,274 du Catalogue Langlès.

1820. *Taconym-Altevarykh*, ou tablettes chronologiques de Hadjy-Khalfa, en persan. *Constantinople,* 1146 de l'hégire (1733), gr. in-8, cartonnage oriental.

1821. The Moolukhkhus ool Tuwareekh, being an abridgement of the historical work called *Seir Mootakherin* (a persian text). *Calcutta,* 1837, in-4, d. v.

1822. Geschichte Wassaf's, persisch herausgg. und deutsch übersetzt von Hammer-Purgstall. *Wien,* 1856, in-4, d. v. tome I.

1823. Mirchond's Geschichte der Sultane, persisch und deutsch, von Fried. Wilken. *Berlin,* 1835, in-4, d.-rel.

1824. *Rouzet Essefa*, par Mirkhond, lithogr. à Bombay en 1261 de l'hégire. 2 vol. in-fol. de reliure différente.

1825. Notice de l'histoire de Mirkhond, intitulée le Jardin de la pureté, par A. Jourdain. *Imp. imp.*, 1812, in-4, br.

Extrait du tome IX des Notices des Mss. de la Bibliothèque impériale.

1826. Geschichte der Chalifen, von Weil. *Mannheim,* 1846-1862, 5 vol. in-8, rel.

Volume IIIe double.

1827. Mirchondi historia Samanidarum, persice et latine, edidit Frid. Wilken. *Gottingæ*, 1808, in-4, d.-rel.

1828. Histoire des Samanides, par Mirkhond, texte persan, traduit par M. Defrémery. *Paris, Impr. royale,* 1845, in-8, bas.

1829. Mirchondi historia Gasnevidarum, persice nunc primum edidit, latine vertit, notisque illustravit Frid. Wilken. *Berolini,* 1832, in-4, cart., papier vélin.

1830. Mirchond's Geschichte der Seldschuken, aus dem Persischen erlautert, von Vullers *Giessen,* 1838, in-8, rel.

1831. Histoire de Gentchiscan et de toute la dynastie des Mongols, trad. par le père Gaubil. *Paris,* 1739, in-4, vel.

1832. Geschichte der Ilchane, das ist : der Mongolen in Persien, von Hammer-Purgstall. *Damstadt,* 1842, 2 vol. in-8, bas.

1833. Kritische Beurtheilung der vom Hrn. Quatremère herausgegebenen. *Histoire des Mongols de la Perse,* von Franz von Erdman. *Kasan,* 1841, gr. in-8, cartonné, 62 pages.

1834. The Mulfuzat Timury, or autobiographical memoirs of the Moghul emperor Timur, translated from persian into english, by Ch. Stewart. *London, Murray*, 1830, in-4, d.-maroq. r.

1835. Histoire de Nader Chah, connu sous le nom de Thamas Kuli Khan, empereur de Perse, trad. d'un ms. persan, par Jones. *Londres,* 1770, in-4, v. rac.

1836. Mirkhond. Histoire des sultans du Kharezm, texte persan. *Paris, Didot,* 1842, gr. in-8. d.-rel.

1837. The History of the Atabeks of Syria and Persia, by Mirkhond, a persian text now first edited by W. Morley. *London,* 1848, gr. in-8, cart. 7 planches.

1838. Sehir-Eddin's Geschichte von Tabaristan, Rujan, und Masanderan, persischer Text, herausg. von Dorn. *St-Pétersburg,* 1850, in-8, rel.

1839. Die Geschichte Tabaristan's und der Serbedare nach Choudenir, persisch und deutsch, von Dorn. *St-Petersburg,* 1850, in-4, br.

1840. The History of Gujarat, translated from the persian of Ali Mohammed Khan, by James Bird. *London,* 1835, in-8, cartonné.

1841. Derbend Nameh, or the history of Derbend, translated from a turquish version, by Mirza Kazem beg. *St-Petersburg,* 1851, in-4, d.-rel.

1842. Aly-Ben-Schuns-Eddins Chanisches Geschichtswerk, oder Geschichte von Gilân (in den Jahren 1475-1514), persischer Text, herausgegeben von Dorn. *St-Pétersbourg,* 1857, 3 vol. gr. in-8, d.-rel., v. f.

1843. Histoire de la Perse, par John Malcolm. *Paris, Pillet,* 1821, 4 vol. in-8, fig. bas.

1844. Eran, das Land zwischen dem Indus und Tigris. Beiträge zur Kenntniss des Landes und seiner Geschichte, von Fr. Spiegel. *Berlin*, 1863, in-8, d. v. vert.

1845. The Parsis, a sketch, by G. Briggs. *Edimburgh*, 1852, in-8, cartonné.

1846. Scheref-Nameh, ou Histoire des Kourdes, par Scheref, prince de Bidlis, publiée par Véliaminof-Zernof. Texte persan. *St-Pétersbourg*, 1860-62, 2 vol. — Recueil de récits kourdes, traduits par Alex. Jaba, consul à Erzeroum, 1860. — Ensemble, 3 vol. in-8, br.

1847. Forschungen über die Kurden und die Iranischen Nordchaldäer, von Peter Lerch. *St-Petersburg*, 1857-1858, 2 part. in-8, br.

1848. Ariana antiqua. A descriptive account of the antiquities of Afghanistan, by H. Wilson. *London*, 1841, gr. in-4, cartes, percaline. 32 planches.

1849. History of the Afghans, translated from the persian of Neamet Ullah, by B. Dorn. *London, Murray*, 1829, in-4, d.-rel.

1850. Note on the historical resulte deducible from recent discoveries in Afghanistan, by Prinsep. *London*, 1844, in-8, perc.

D). *Histoire de l'Inde.*

1851. Histoire générale de l'Inde ancienne et moderne, par de Marlès. *Paris*, 1828, 6 vol. in-8, d. rel.

1852. Megastenis Indica, fragmenta collegit et notas addidit Schwanbeck. *Bonn*, 1846. — Wilford. Origine de la religion chrétienne dans l'Inde. *Paris*, 1847, 2 ouvrages en 1 vol. in-8, d.-rel.

1853. An historical Disquisition concerning the knowledge which the ancients had of India, by W. Robertson. *Basil*, 1792, in-8, v. j. dent.

1854. Recherches sur l'Inde, par Robertson. *Paris*, 1821, in-8, bas. — Histoire de l'Inde, par Collin de Bar. 1814, 2 vol. in-8, d.-rel.

1855. Indische Alterthums-Kunde von Lassen. *Bonn*, 1847-61, 4 vol. gr. in-8, v. fauve, fil.

Bel exemplaire.

1856. Genealogies of the Hindus, extracted from their sacred writings, by Fr. Hamilton. *Edinburgh*, 1819, in-8, d.-rel.

1857. Palladius. De gentibus Indiæ et Bragmanibus, gr. et lat. — S. Ambrosius. De moribus Brachmanorum, lat. edidit Ed. Bissæus. *Londini*, 1665, in-4, vélin.

1858. Fragments arabes et persans inédits, relatifs à l'Inde, recueillis par M. Reinaud. *Impr. royale*, 1845, in-8, d.-rel.

1859. Fragments arabes et persans relatifs à l'Inde, recueillis par M. Reinaud. *Paris,* 1845, in-8, br.

Exemplaire avec annotations manuscrites de M. Reinaud.

1860. Mémoire historique et scientifique sur l'Inde, par M. Reinaud. *Paris*, 1849, in-4, d.-rel.

Exemplaire couvert de notes mss. au crayon par l'auteur.

1861. The History of India, by Mount-Stuard Elghinstone. *London, Murray*, 1841, 2 vol. in-8, percaline.

1862. The History of India under the two first Sovereigns of the house of Taimur : Baber and Humayon, by W. Erskine. *London, Longman*, 1854, 2 vol. in-8, perc.

1863. Ayen Akbery, or the institutes of the emperor Akber. *London*, 1800, 2 vol. in-4, v. gr.

1864. Memoirs of Zehir-ed-din-Muhammed Baber, emperor of Hindustan, written by himself in the jaghatai turki, and translated by John Leyden and W. Erskine. *London,* 1826, in-4, cart.

1865. *Tarikhi Ferishtah*. Histoire de l'Inde sous la domination musulmane, par Ferishthah, en persan. Edition lithographiée à Bombay. 2 vol. in-fol. d.-rel. Le 1er vol. a 730 pp., et le 2e 802. L'impression en a été terminée en décembre 1832.

1866. History of the rise of the Mahomedan power in India, till the year 1612, translated from the original persian of Mahomed Kasin Ferishta, by John Briggs. *London, Longman,* 1829, 4 vol. in-8, cartonnés.

1867. Observations on the musulmanns of India, by Meer Hassan Ali. *London*, 1832, 2 vol. in-8, d.-rel.

1868. Mémoires sur l'Indoustan ou empire mogol, par Gentil. *Paris*, 1822, in-8, d.-rel.

1869. Histoire de la conquête et de la fondation de l'empire anglais dans l'Inde, par Barchou de Penhoen. *Paris, Ladrange,* 1840, 6 vol. in-8, d.-rel. cartes. — L'Inde sous la domination anglaise, par le même. 1844, 2 vol. in-8, d.-rel.

1870. A popular History of british India, by Cooke Taylor. *London, Madden,* 1842, in-8, cart. en perc.

1871. W. Hamilton. The East India gazetteer. *London, Allen,* 2 vol. — Ed. Thornton. A Gazetteer of the countries adjacent to India on the north-west. *Lond., Allen,* 1844, 2 vol. — Ens. 4 vol. gr. in-8, perc. Cartes.

1872. A Gazetteer of the territories under the government of the East India company and of the native states on the continent of India, by Ed. Thornton. *London, Allen,* 1854, 4 vol. in-8, perc.

1873. The History, antiquities and topography of Eastern India, by Montgomery Martin. *London, Allen,* 1838, 3 vol. gr. in-8, perc. Fig. et cartes.

1874. L'Inde contemporaine, par F. de Lanoye. *Hachette*, 1858, in-12, carte, d. v.

1875. Mœurs et cérémonies des peuples de l'Inde, par l'abbé Dubois. *Impr. royale*, 1825, 2 vol. in-8. d.-rel.

1876. A View of the history, literature and mythology of the Hindoos, by Will. Ward. *London*, 1822, 3 vol. in-8, cart.

1877. The three Presidences of India, by Capper. *London*, 1853, in-8, cart. *Fig.*

1878. The present Land-tax in India, considered as a measure of finance, by John Briggs. *London*, 1830, in-8, cart.

1879. Annals and antiquities of Rajasthan, or the central and Western Rajpoot states of India, by Col. James Tod. *London,* 1829-32, 2 vol. gr. in-4, cart. *Nombreuses cartes et figures.*

1880. On the Aborigenes of India, Essay the first, on Kocch, Bodo, Dhimal tribes, by Hodgson. *Calcutta*, 1847, in-8, cart.

1881. Personal observations on Sindh, by Postans. *London*, 1843, in-8, cart.

1882. Appendix to the Arabs in Sind (from the historians of India), by H. Elliot. *Cape-Town,* 1853, in-8, d. v. fauve.

1883. Origine et progrès de la puissance des Sikhs dans le Penjab, par Prinsep, trad. par Xav. Raymond. *Paris*, 1836, in-8, d.-rel.

1884. A History of the Sikhs, by Joseph Davey Cunningham. *London*, 1849, in-8, cart.

1885. Radjatarangini. Histoire des rois du Kachmir, traduite, avec le texte sanscrit, par Troyer. *Paris, Impr. roy.*, 1840, 3 vol. in-8, rel.

1886. The Commerce and Navigation of the ancients in the indian Ocean, by W. Vincent. *London*, 1807, 2 vol. in-4. Cartes et fig. Cartonnage en percaline.

1887. An historical and political account of Ceylan and its dependencies, by Ch. Pridham. *London*, *W. Boone*, 1849, 2 vol. in-8, perc. Carte.

1888. Ceylan, an account of the island, by Emmerson Tennent. *London, Longman*, 1859, in-8, cart. *Fig*.

1889. Political and statistical account of the british settlements in the Straits of Malacca, by Newbold. *London, Murray*, 1839, 2 vol. in-8, cartes, perc.

1890. Coup d'œil général sur les possessions néerlandaises dans l'Inde archipélagique, par Temminck. *Leide*, 1846-49, 3 vol. in-8, d.-rel.

1891. J. Koffler. Historica Cochinchinæ descriptio, edente de Murr. *Norimbergæ*, 1803, in-8, d.-rel.

1892. Histoire et description de la basse Cochinchine, traduite d'après le texte chinois, par Aubaret. *Paris, Impr. impériale*, 1863, gr. in-8, br. Carte.

1893. An Account of the wild tribes inhabiting the Malahan peninsula, by the R. Favre. *Paris, Imp. printing*, 1865, in-12, br.

E. *Histoire du Thibet, de la Mongolie, de la Tartarie, de la Chine et du Japon.*

1894. Abulghasi Bahadur Chani historia Mongolorum et Tartarorum, nunc primum tatarice edita, auctoritate comitis de Romanoff. *Casani*, 1825, in-fol. d.-rel.

1895. Ladak physical, statistical and historical, with notices of the surrounding countries, by Alex. Cunningham. *London, Allen*, 1854, gr. in-8, percaline.

31 planches en partie coloriées.

1896. Geschichte der Ost-Mongolen und ihres Fürstenhauses, herausgg. von J. Schmidt (texte mongol et traduction allemande). *Saint-Pétersbourg*, 1829, in-4, v. rac. fil.

1897. Histoire des Mongols depuis Tchinguiz-Kan jusqu'à Timour-Bey ou Tamerlan, par le baron C. d'Hosson. *La Haye*, 1834, 4 vol. in-8, rel. Carte.

1898. Histoire de Timur-Bek (Tamerlan), traduite du persan de Cheref eddin Ali, par Petis de la Croix. *Paris*, 1722, 4 vol. in-12, bas.

1899. Historia del gran Tamerlan, escrita por Gonzalez de Clavijo. — Cronica de don Pedro niño, por Gutierrediez de Games, la publica don Eug. de Llaguno Amirola. *Madrid, Sancha*, 1782, in-4, d.-rel.

1900. Exposé des guerres de Tamerlan et de Schah-Rokh dans l'Asie occidentale, d'après la chronique arménienne occidentale de Thomas de Medzoph, par Félix Nève. *Bruxelles*, 1860, in-8, br.

1901. Instituts politiques et militaires de Tamerlan, traduits par Langlès. *Paris*, 1787, in-8, d.-rel.

1902. Abel Rémusat. Mémoires sur les relations des princes chrétiens avec les empereurs mongols. *Impr. royale*, 1822.—Mémoires sur plusieurs questions relatives à la géographie de l'Asie centrale. 1825. — 2 ouvr. en 1 vol. in-4, d.-rel. planches.

1903. Histoire généalogique des Tatars, traduit du ms. d'Abulgasi-Bayadour kan. *Leyde*, 1726, in-12. v. br. —Histoire de Genghiskan, par Petis de la Croix. *Paris*, 1711, in-12, v.

1904. Description des hordes et des steppes des Kirghizkaïssaks, par Alexis de Levchine, trad. du russe par de Pigny. *Impr. royale*, 1840, in-8 bas.

1905. Tartarie, par M. Dubeux, et l'Afghanistan, par Xavier Raymond (Univers pitt.). *F. Didot*, 1848, in-8, d.-rel.

1906. De l'Univers pittoresque : la Chine, par MM. Pauthier et Bazin. *Paris, F. Didot*, 1837-53, 2 vol. in-8, dr.-rel. fig.

1907. De la Chine, ou description générale de cet empire, par l'abbé Grosier. *Paris*, 1818-20, 7 vol. in-8, d.-rel., cartes.

1908. Abdalla Beidavæi historia Sinensis, e persico in latinum reddita. *Jenæ*, 1689, pet. in-4, bas.

1909. La Chine ouverte, par Old-Nick. *Paris, Fournier*, 1845, gr. in-8, fig. bas.

1910. La Chine devant l'Europe, par d'Hervey de Saint-Denis. 1859, in-8, br. — Un Voyage autour du Japon, par Lindau. *Paris*, 1864, in-12, broché.

1911. Mémoires sur la Chine, par le comte d'Escayrac de Lauture. *Paris*, 1864, 5 part. in-4, br. *Figures*.

1912. Nipon o daï itsi ran, ou Annales des empereurs du Japon, traduites par Titsingh, avec des notes par Klaproth. *Paris, Impr. royale*, 1834, in-8, d.-rel.

1913. Histoire du Japon, par Charlevoix. *Paris*, 1754, 6 vol. in-12, bas. Cartes et fig.

1914. Mémoires et anecdotes sur la dynastie régnante des Djogouns, souverains du Japon, par Titsingh. *Paris, Nepveu*, 1820, in-8, fig., d.-rel.

1915. Le Japon, par Fraissinet. *Paris, Arthus Bertrand*, 2 vol. in-12, d. ch.

HISTOIRE D'AFRIQUE.

1916. L'Afrique, par Hoefer. *Paris, Didot*, 1848, in-8, d.-rel.

1917. Examen critique de la succession des dynasties égyptiennes, par W. Brunet de Presle. *Paris,* 1850, in-8, br.

1918. A popular Account of the ancient Egyptians, by Wilkinson. *London, Murray,* 1854, 2 vol. in-12, cart. fig.

1919. Histoire d'Egypte, dès les premiers temps de son existence jusqu'à nos jours, par le Dr Brugsch (Ire partie). *Leipzig,* 1859, in-4, cart., 16 planc. lithgr.

1920. Aperçu de l'histoire d'Egypte, par Aug. Mariette-Bey (texte arabe). *Alexandrie,* 1864, in-8, broché.

1921. Aperçu de l'histoire d'Egypte, par Mariette-Bey. *Alexandrie,* 1864, in-8, br.

1922. Mémoires géogr. et hist. sur l'Egypte, par Et. Quatremère. *Paris,* 1811, 2 vol. in-8, d.-rel.

1923. Histoire de l'Egypte depuis la conquête des Arabes jusqu'à celle des Français, par Marcel. *Paris,* 1834, in-8, d.-rel.

1924. Journal d'Abdurraman Gabarti pendant l'occupation française en Egypte. *Paris,* 1838, in-8, d.-rel.

1925. Histoire de l'Egypte sous Mohammed-Aly, par Félix Mengin. *Paris,* 1823, 2 vol. in-8, cart. n.r.

1926. L'Egypte et la Turquie, par MM. de Cadalvène et Breuvery. *Paris,* 1836, 2 vol. in-8, d.-rel.

1927. Histoire sommaire de l'Egypte sous le gouvernement de Mohammed-Aly, de 1823 à 1838, par F. Mengin. *Paris, F. Didot,* 1839, in-8, cartes, d.-rel.

1928. W. Lane. An Account of the manners and customs of modern Egyptians. *London,* 1837, 2 vol. — Fraser. Mesopotamia and Assyria. *New-*

York, 1842, 1 vol. Ensemble 3 vol. in-18, cart. fig.

1929. Topographia e historia general de Argel, por Diego de Haedo. *En Valladolid*, 1612, in-fol. bas.

1930. Gramaye. Africæ illustratæ libri, in quibus historia ecclesiastica deducitur. *Tornaci Nerviorum*, 1623, in-4, vél.

1931. An Account of the establishment of the Fatemite dynasty in Africa, extracted from an ancient arabic ms., belonging to the ducal library of Saxe Gotha, with notes by J. Nicholson. *Tubingen*, 1840, in-8, d.-rel.

1932. Etude sur la conquête de l'Afrique par les Arabes, par H. Fournel. *Paris*, 1857, in-4, br.

1933. Histoire de Tunis, par Marcel. *Paris, Didot,* 1851, in-8, d.-rel.

1934. Annales tunisiennes, ou aperçu historique sur la régence de Tunis, par Alph. Rousseau. *Alger*, 1864, in-8, br.

1935. Laugier de Tassy. Histoire d'Alger. *Amst.*, 1727. — Etat des royaumes de Barbarie, etc. *Rouen*, 1703. — Hist. de Mouley-Ismael, roi de Maroc, par Busnot. *Rouen*, 1714. — Hist. des chérifs d'Afrique. 1733. — Relation du voyage pour la rédemption des captifs. 1726. Ensemble 5 vol. in-12, rel.

1936. Histoire de l'Algérie, par Fisquet. *Paris*, 1842, in-8, fig. cart.

1937. Exploration scientifique de l'Algérie. — Carette. Recherches sur l'Algérie. Etudes sur la Kabylie. — Berbrugger. Sud de l'Algérie. — Pellissier. Mémoires sur l'Algérie. Description de la Tunisie. — Renou. Description du Maroc. — El Kairouai. Hist. de l'Afrique. *Impr. du gouvernement*, 1843-53, 8 vol. gr. in-8, bas.

1938. Etudes africaines, par Poujoulat. *Paris*, 1847, 2 vol. in-8, d.-rel.

1939. L'Algérie ancienne et moderne, par Léon Galibert. *Paris, Furne*, 1854, gr. in-8, d.-rel. fig.

1940. Exploration du Sahara. Les Touareg du nord, par H. Duveyrier. *Paris*, 1864, gr. in-8, fig. et carte, br.

1941. Tlemcen, ancienne capitale du royaume de ce nom; son histoire, ses monuments. Souvenirs d'un voyage, par l'abbé Bargès, professeur d'hébreu à la Sorbonne. *Paris, Dupont*, 1859. — Aperçu de l'église d'Afrique, par le même, 1848. 2 part. en 1 vol. in-8, d. v. br.

1942. Du général Daumas : Le Sahara algérien, 1845; la grande Kabylie, 1847; le grand désert, 1848. 3 vol. in-8, d.-rel.

1943. Sur l'Algérie, par Daumas, Mac-Carthy, Carrey, etc. *Paris, Hachette et Lévy*, 1858-67, 9 vol. in-12, br.

1944. Mélanges sur l'Afrique, par MM. Jomard, Froberville, Noël, d'Eichthal.—Mélanges sur la Chine, par MM. Reinaud, Pauthier, Hirsch, 2 vol. in-8, d.-rel.

1945. Sur Alger, par Mac-Carthy, Cherbonneau, l'abbé Bourgade, etc., 18 br. in-8.

1946. Sur le Soudan, par d'Escayrac de Lauture, Cherbonneau, l'abbé Bargès, Trémaux, Hodgson. 12 brochures in-8.

1947. Revue Africaine, journal des travaux de la société historique algérienne. *Alger*, 1856-67, 63 numéros in-8, br.

Manque le n° 19.

1948. Specchio del impero di Marocco del Cav. Graberg de Hemsô. *Genova*, 1834, in-4, d.-rel.

1949. Le Maroc et ses tribus nomades, par Drummond Hay, trad. par mad. Belloc. *Paris*, 1844, in-8, d. v. fauve.

1950. Le Maroc et ses caravanes, ou relations de la France avec cet empire, par Thomassy. *Paris, Didot,* 1845, in-8, d.-rel.

1951. Description et histoire du Maroc, par Léon Godard. *Paris, Tanéra,* 1860. 1 tom. en 2 vol. in-8, carte, d. v. fauve.

1952. Esquisses sénégalaises, par l'abbé Boilat. *Paris, P. Bertrand,* 1853, gr. in-8, d. maroq. vert, et atlas de 24 pl. lith. et coloriées.

1953. De la Sénégambie française, par Fréd. Carrère et P. Holle. *Paris, F. Didot,* 1855, gr. in-8, d. v. rouge.

1954. The Negroland of the Arabs examined and explained, or an inquiry into the early history and geography of central Africa, by Desborough Cooley. *London,* 1841, in-8, cart. en perc.

1955. Histoire de la grande île de Madagascar, par de Flacourt. *Paris,* 1658, in-4, fig. v. br.

HISTOIRE D'AMÉRIQUE ET D'OCÉANIE.

1956. Histoire de la conquête du Mexique, par Prescott, publiée en français par Amédée Pichot. *Paris,* 1846, 3 vol. in-8, d.-rel.

1957. The History of Sumatra, by W. Marsden. *London,* 1811, in-4, cartonné, n. r.

1958. Description de Java, traduit de Rafles, par Marchal. *Bruxelles,* 1824, gr. in-4, bas. (*Fig. et cartes en partie coloriées.*)

1959. Malay Annals, translated from the malay language, by John Leyden. *London,* 1821, in-8, v. ant. fil.

1960. Memoirs of a malayan family, written by themselves and translated from the original, by W. Marsden. *Lonaon,* 1830, gr. in-8, cartonné.

ARCHÉOLOGIE.

1961. Introduction à l'Etude de l'archéologie, par Millin. *Paris,* 1826, in-8, d.-rel.

1962. Dictionnaire des antiquités romaines et grecques, par Antony Rich, traduit de l'anglais par M. Chéruel. *Paris, F. Didot,* 1859, in-12, br. (*Fig. dans le texte.*)

1963. J. Gosselin. De l'Evaluation des mesures itinéraires grecques et romaines. 1813. — Recherches sur les différents systèmes métriques de l'antiquité. — Mémoire sur l'origine des erreurs commises par les géographes grecs dans les mesures en longitude. — Observations sur la coudée égyptienne découverte à Memphis; le tout relié en 1 vol. in-4.

1964. Archéologie navale, par Jal. *Paris,* 1840, 2 vol. in-8, d.-rel. bas.

1965. Etudes d'archéologie et d'histoire, par Fortoul. *Paris, Didot,* 1854, 2 vol. in-8, d.-rel. mar.

1966. Abécédaire ou Rudiment d'archéologie, par M. de Caumont. *Paris, Didron,* 1854-58, 2 vol. gr. in-8, fig. dans le texte, d. veau fauve.

1967. Rapport sur des excursions archéologiques en France, par de Caumont. *Paris,* 1853-59, 6 part. in-8, br. fig.

1968. Opuscules publiés par Fauris de Saint-Vincent. 10 parties en 1 vol. in-8, d.-rel.

Lettres de Peiresc sur un manuscrit de la bibliothèque d'Aix. — Notices relatives à la Provence, etc.

1969. Mélanges archéologiques. 8 parties en 1 vol. in-8, d.-rel.

Die Pehlevi Legenden, aus den Münzen, von Olshausen. 1843.— Monument arabe du moyen âge existant en Normandie. *Caen,* 1820. — Explication d'une coupe sassanide. 1844, etc.

1970. Lanci. Dissertations d'antiquités, en italien. *Rome*, 1819, 5 part. en 1 vol. in-8, d.-rel. fig.

1971. Antiquités grecques et latines. Environ 60 brochures in-4 et in-8.

1972. Letronne. Mélanges d'érudition. *Paris, Ducrocq, s. d.* — Analyse des recherches de M. Letronne sur les représentations zodiacales, par Ed. Carteron. 1843, 2 part. en 1 vol. in-8, d. v. fauve.

1973. L'Acropole d'Athènes, par E. Beulé. — Etudes sur le Péloponnèse, par le même. *Paris, F. Didot*, 1853-55, 3 vol. gr. in-8, d. v. fauve, 9 planches.

1974. Athènes, par Ern. Breton. *Paris*, 1862, gr. in-8, d.-rel. v. f. figures.

1975. L'Etrurie et les Etrusques, ou dix ans de fouilles dans les maremmes toscanes, par Noël des Vergers. *Paris, F. Didot*, 1862-64, 2 vol. gr. in-8, d. v. ant. et atlas in-fol. d.-rel. v. f. 40 planches en partie coloriées.

1976. Vasi greci denominati etruschi scelti nella raccolta del signor duca de Blacas, descritti da Gherardo de Rossi. *In Roma*, 1823, in-8, d.-rel. n. r.

1977. Panofka : Musée Blacas. Vases peints. Texte avec 32 pl. in-fol. d.-rel.

1978. Description des antiquités et objets d'art qui composent le cabinet Durant, par M. de Witte. *Paris*, 1836, gr. in-8, rel.

1979. Description des antiquités et objets d'art du cabinet de M. Louis Fould, par A. Chabouillet. *Paris, Claye*, 1861, in-fol. br. figures.

1980. Dictionnaire des antiquités romaines, trad. et abrégé de Pitiscus. *Paris*, 1766, 2 vol. in-8, rel.

1981. Monographie de la voie sacrée Eleusinienne, par Fr. Lenormant. *Paris*, 1864, 6 livraisons gr. in-8, br.

1982. Annuaire archéologique de la province de Constantine. *Constantine*, 1855-1861, 5 vol. in-8, br. fig.

1983. Mœurs romaines du règne d'Auguste à la fin des Antonins, par Friedlander, trad. par Vogel. *Paris, Reinwald*, 1865, 2 vol. in-8, br.

1984. Pompéia, décrite et dessinée par Ern. Breton. *Paris*, 1855, gr. in-8, d.-rel. v. f. fig.

1985. Antiquités d'Herculanum, gravées par Piroli et publiées par Piranesi. *Paris*, 1804, 6 tom. en 2 vol. in-4, fig. bas.

1986. Histoire des antiquités de la ville de Nismes, par Ménard. *Nismes*, 1825, in-8, d. ch. fig. — Aix ancien et moderne. *Aix*, 1823, in-8, d. mar. bleu.

1987. Du Service de santé militaire chez les Romains, par le Dr René Briau. *Paris, V. Masson*, 1866, in-8, br.

1988. Recherches sur l'année vague des Egyptiens, par Biot, 1831, in-4, br. — Recherches sur quelques dates absolues qui peuvent se conclure des dates vagues des Egyptiens, par Biot. *Paris*, 1853, in-4, br.

1989. Lanci. Di un Egizio Monumento, con Iscrizione Fenicia. *Roma*, 1825, in-4, br. fig. — Lettera sopra uno scarabeo fenico egizio. *Napoli*, 1826, in-4, br.

1990. Die Proklamation des Amasis an die Cyprier bei der Besitznahme Cyperns durch die Ægypter, von Dr Roth. *Paris*, 1855, gr. in-4, cartonné.

1991. Description des fouilles exécutées en Egypte, par Aug. Mariette. *Paris, Gide*, 1863, in-fol. br. 20 pl.

1992. Notice des principaux monuments exposés dans les galeries du musée d'antiq. égyptiennes du vice-roi à Boulaq, par Mariette-Bey. *Alexandrie*, 1864, in-8, br.

1993. Nineveh and Persepolis, an historical account of ancient Assyria and Persia, with an account of the recent researches in those countries, by W. S. Vaux. *London*, 1850, in-8, fig. cartonné.

1994. Layard. A popular account of discoveries at Nineveh. *London, Murray*, 1852, in-12, cart. *figures*.

1995. Nineveh and its Palaces, by Joseph Bonomi. *London*, 1853, in-8, cart. *figures*.

1996. Discoveries in the ruins of Nineveh and Babylon, by Austen Layard. *London, Murray*, 1853, gr. in-8, cart. *fig*.

1997. Essays on indian antiquities, by James Prinsep, edited with notes by Edward Thomas. *London, Murray*, 1858, 2 vol. gr. in-8, cartonnés.

Nombreuses planches de numismatique indienne.

1998. Museo cufico Naniano, illustrato dall'ab. Assemani. *Padova*, 1787, in-4, d.-rel.

1999. Museum cuficum Borgianum Velitris, illustravit Adler. *Romæ*, 1782. — Pars secunda. *Hafniæ*, 1792. — 2 part. en 1 vol. in-4, bas. 19 pl.

2000. Globus cœlestis cufico-arabicus musei Borgiani ab Assemano illustratus. *Patavii*, 1790, gr. in-4, d.-rel. fig.

2001. Précis d'une dissertation sur un monument arabe du moyen âge en Normandie, par Spencer Smith. *Caen*, 1800. — Epigrafe araba trasportata a Firenze dall' Alto Egitto, illustrata da Castiglioni. *Milano*, 1839, 2 part. en 1 vol. in-8, d. v., fig.

2002. Monuments arabes, persans et turcs, du cabinet du duc de Blacas, par M. Reinaud. *Imprimerie royale*, 1828, 2 vol. in-8, papier vélin, cartonnés.

2003. Monuments arabes, persans et turcs du cabinet du duc de Blacas, par M. Reinaud. *Paris, Impr royale*, 1828, 2 vol. in-8, d.-rel.

Avec des notes de la main de M. Reinaud.

2004. Description du trésor de Guarrazar, par Ferdinand de Lasteyrie. *Paris, Gide*, 1860, in-4 br., *4 planches en couleur*.

2005. Musée du Louvre. — Notice des monuments exposés dans la salle des antiquités américaines, par Adr. de Longpérier, *Paris*, 1850. — Notices des antiquités assyriennes, 1854. — Notice des antiquités égyptiennes, par de Rougé, 1852. — 3 part. in-8, pap. de Holl.

2006. Mignard. Monographie du Coffret du duc de Blacas. *Paris*, 1852, in-4 br., fig. — Suite, 1853, in-4 br., fig. — Die Schuld der Templer, von Hammer-Purgstall. *Wien*, 1855, in-4 br., 7 pl.

2007. Mémoire sur deux coffrets gnostiques du moyen âge, par de Hammer. *Paris*, 1832. — Ueber zwei Altæthiopische Inschriften, von Rœdiger. — Mémoire sur deux inscriptions puniques, par l'abbé Bargès. *Paris*, 1849. — 5 part. en 1 vol. in-4, d.-rel., fig.

NUMISMATIQUE.

2008. Essai sur les systèmes métriques et monétaires des anciens peuples, par Vasquez Queipo. *Paris*, 1859, 2 vol. — Tables (monnaies grecques et monnaies romaines), 1859, 2 vol. — Ensemble, 4 vol. in-8 br.

2009. Doctrina numorum veterum conscripta à Josepho Eckhel. *Vindob.*, 1792, tomes 1, 2, 3, 4, 7 et 8, in-4, d.-rel., fig.

2010. Description des médailles antiques grecques et romaines, par Mionnet. *Paris*, 1807-22, 6 vol.

— Recueil des planches, 1837; Poids des médailles grecques. 1839, 1 vol.—Supplément, 1819
à 1837, 9 vol. y compris la table générale. —
De la rareté et du prix des médailles romaines.
1827, 2 vol. — Ensemble, 18 vol. in-8, figures,
bas.

2011. Atlas de géographie numismatique pour servir à la description des médailles antiques, par
Mionnet, dressé par Dufour. *Paris, Crozet,* 1838,
in-4, br., 7 cartes.

2012. Mélanges de numismatique, par le marq. de
Lagoy. *Aix,* 1845, in-4, br., 2 pl.

2013. Lettres du baron Marchant sur la numismatique et l'histoire, annotées par Lenormant, de
Saulcy, etc. *Paris, Leleux,* 1851, gr. in-8, rel.

2014. Un Voyage en Asie Mineure au point de vue
numismatique, par Waddington. *Paris, Rollin,*
1853, in-8, d.-rel.

2015. Essai de classification des suites monétaires
byzantines, par F. de Saulcy. *Metz,* 1836, gr. in-8,
bas. et atlas, in-4.

2016. Trois Lettres sur des monnaies byzantines peu
connues et inédites, par Fréd. Soret. *Genève,*
1837, in-8, d.-rel., fig.

Tiré à cent exemplaires.

2017. Histoire de la monnaie romaine, par Théod.
Mommsen, traduite de l'allemand par le duc de
Blacas. *Paris, Rollin,* 1865, gr. in-8, br., 20 *plan-
ches.*

Tome I.

2017 *bis.* Numismatique des nomes d'Egypte sous
l'administration romaine, par Victor Langlois.
Paris, Leleux, 1852, 4 pl. — Du même : Inscriptions de la Cilicie, 1854, 1 planche. — Numismatique de l'Arménie au moyen âge, 1855, 7 pl.
— Numismatique de la Géorgie au moyen âge,
5 pl. — Ens. 4 part. en 1 vol. gr. in-4, d. v.

2018. Esquisse de l'histoire de la monnaie chez les Hébreux, par l'abbé Greppo. *Belley*, 1837 ; et autres dissertations sur la langue, l'histoire et la littérature des Hébreux, par Munk, Dukes, Bargès, Carmoly et Fortia. 2 vol. in-8, d.-rel.

2019. History of jewish coinage and of the money, in the Old and New Testament, by Fred. Madden; with 254 woodcuts and a plate of alphabets. *London, Quaritch*, 1864, gr. in-8, d. mar. rouge.

2020. Duc de Luynes. Numismatique et inscriptions cypriotes. *Paris*, 1852, gr. in-4, cartonné, 12 pl.

2021. Essai sur les médailles des rois perses de la dynastie sassanide, par Adrien de Longpérier. *Paris, F. Didot*, 1840, in-4, d.-rel. 12 pl. — Mémoire sur la chronol. des rois parthes arsacides, par le même, 1853, in-4, br.

2022. Essai sur la numismatique des satrapies et de la Phénicie, sous les rois Achæménides, par M. le duc de Luynes. *Paris, Didot*, 1846, 2 vol. in-4, cart., 16 pl.

2023. Numismatique de l'Arménie dans l'antiquité, par V. Langlois. *Paris*, 1859, in-4, br., 6 *planches*.

2024. Revue de numismatique géorgienne, par Brosset. *Saint-Pétersbourg*, 1847. — Monographies des monnaies arméniennes, par le même. 1839. — 2 part. en 1 vol. pet. in-4, fig., d.-rel.

2025. Essai de classification des suites monétaires de la Géorgie, par Victor Langlois. *Paris, Imprimerie impériale*, 1860, in-4, br., 10 *planches*.

2026. Catalogue des monnaies et des médailles du cabinet numismatique de l'Université de Casan, dressé par le professeur Bérézine. *Casan*, 1855, in-4, br.

Plus 14 pages de texte en russe et 19 planches de médailles.

2027. V. Langlois. Numismatique des Arabes avant l'islamisme. *Paris*, 1859, in-4, br., 4 *planches*.

2028. Nummi cufici de nominis dei *Gud* origine, disquisitio Joh. Hallenberg. 1797.—Olai Tychsen opuscula quatuor antiquitates orientales illustrantia, 1794, et autres dissertations latines relatives à l'archéologie orientale. 8 pièces en 1 vol. in-4, d.-rel.

2029. Al Makrisi Historia monetæ arabicæ, edidit Tychsen. *Rostochii*, 1797, 1 vol. — Olai Tychsen Introductio in rem numariam muhammedanorum. 1794, 1 vol. — Collectio nummorum cuficorum, edidit Hallenberg. *Holmiæ*, 1800, 1 vol., fig. — Esemble, 3 vol. pet. in-8, reliés.

2030. Monete cufiche del R. Museo di Milano. *Milano*, 1819, gr. in-4, cart.

2031. Descrizione di alcune monete cufiche del museo di Steph. de Mainoni. *Milano*, 1820, in-4, cartonné, 3 pl.

2032. Fræhnii recensio numorum muhammedanorum Acad. scientiarum Petropolitanæ. *Petropoli*, 1826, in-4, bas.

2033. Fræhnii nova supplementa ad recensionem nummorum muhammed. Academiæ Petropolitanæ, edidit B. Dorn. *Petropoli*, 1855, in-8, d.-rel., fig.

2034. De Numis orientalibus commentatio prima, numos chalifarum et dynastiarum cuficos exhibens, autore Mællero. *Gothæ*, 1826, in-4, d.-rel, fig.

2035. Lettre à Brondsted sur quelques médailles cufiques et sur quelques manuscrits, par Lindberg. *Copenhague*, 1830, in-4, cart., 12 *planches*.

2036. Novæ Observationes in quosdam numos Abbasidarum, digessit J. Ant. Arri. *Aug. Taurinorum*, 1835, in-4, cart., 3 *planches*.

2037. Lettres à M. Reinaud, membre de l'Institut,
sur quelques points de la numismatique arabe,
par F. de Saulcy. *Imprimerie royale*, 1839, in-8,
d.-rel.

2038. Numi mohammedani, descripsit et collegit
Ign. Pietraszewski. *Berolini*, 1843, 15 planches.
— Symbolæ ad rem numariam Muhammedanorum, edidit J. Tornberg. *Upsaliæ*, 1846. — 2 ouvrages en 1 vol. in-4, d.-rel., fig.

2039. Edw. Thomas. Oriental legends, 1849. —
Kings of Surashtra. — Numismatic history of
early mohammedan Arabs in Persia. — On the
coins of the kings of Kabul. — Kings of Ghazni.
— On the coins of the patan sultans of Hindustan. *London*, 1847. — 6 dissertations en 1 vol.
in-8, fig., bas.

2040. Symbolæ ad rem numariam Muhammedanorum, edidit Tornberg. *Upsaliæ*, 1853-63. Parties I, II, IV, 3 parties in-4, br.

2041. Fræhn. Opuscules et dissertations relatifs,
pour la plupart, aux antiquités et à la numismatique musulmanes. 2 vol. in-8, d.-rel.

2042. Fræhnii Prolusiones academicæ. 2 vol. in-4,
d.-rel., fig.

> Recueil de dissertations, la plupart relatives à la numismatique et aux
> antiquités musulmanes, imprimées à Casan et à Saint-Pétersbourg, de 1814
> à 1823.

2043. Numismata orientalia illustrata. The oriental
coins of his collection described and illustrated,
by W. Marsden. *London, Longman*, 1823-25,
2 vol. in-4, cart. 57 planches.

2044. Numismatique des croisades, par de Saulcy.
Paris, Rollin, 1847, in-fol., d.-rel., 19 pl.

2045. Numismatique de la Gaule narbonnaise, par
de la Saussaye. *Blois*, 1842, in-4, br., 23 pl.

2046. Description des médailles gauloises de la
Bibliothèque royale, avec des notes, par Ad. Du-

chalais. *Paris, F. Didot*, 1846, in-8, bas., 4 planches.

2047. Notice des Monnaies françaises de la collection Rousseau, par Adr. de Longpérier. *Paris*, 1847, gr. in-8, rel., pap. de Holl., 6 pl.

2048. Dissertazione su di un moneta del re Ruggieri, detta ducato, da Salv. Fusco. *Napoli*, 1812, in-4, d.-rel., fig.

2049. Description des médailles et antiquités du baron Behr, par Fr. Lenormant. *Paris, 1857.* — Description des médailles et antiquités du cabinet de l'abbé Greppo, par J. de Witte. 1856. — 2 part. en 1 vol. gr. in-8, d. mar. vert, fig.

2050. Sur la numismatique, par Soret, Lenormand, Waddington, etc. Environ 30 br. in-8.

2051. Traité des monnaies d'or et d'argent qui circulent chez les différents peuples, par Bonneville. *Paris*, 1806, in-fol., cartonné, figures.

ÉPIGRAPHIE.

2052. Mélanges d'épigraphie, par Léon Renier. *Paris, Didot*, 1854, gr. in-8, br.

2053. Epigraphie. Opuscules par MM. Wescher, Lenormant, Rouard, Bourquelot, etc. 15 br. in-4 et in-8.

2054. Elementa epigraphices græcæ, scripsit Franzius. *Berolini,* 1840, gr. in-4, d.-rel.

2055. Silvestre de Sacy. Lettre à Chaptal sur l'inscription de Rosette. 1802. — Notice sur une dissertation d'Akerblad, 1803. — Testament de Louis XVI, avec une traduction arabe, 1820. — in-8, d.-rel.

2056. Res gestæ divi Augusti, ex monumentis Ancyrano et Apolloniensi edidit Th. Mommsen. *Berolini*, 1865, gr. in-8, br., 3 planches.

2057. Mémoire sur le préambule d'un édit de l'empereur Dioclétien relatif au prix des denrées dans les provinces de l'empire romain, par Marcellin de Fonscolombe. *Paris*, 1829, in-8, d.-rel.

2058. Edit de Dioclétien, établissant le maximum dans l'empire romain, publié avec commentaires, par M. Waddington. *Paris*, 1864, in-4, br.

2059. Inscriptionum latinarum Collectio, cum adnotationibus, edidit Orellius. *Turici*, 1828, 2 vol. gr. in-8, bas.

2060. Inscriptions chrétiennes de la Gaule, antérieures au viii⁰ siècle, réunies et annotées par Edm. Leblant. *Paris, Impr. impér.*, 1856, 2 vol. in-4, d.-rel. v. ant., *planches*.

2061. Inscriptions in the phœnician character, now deposited in the British Museum, discovered on the site of CARTHAGE, during researches made by Nathan Davies, in the years 1856, 1857 and 1858. *London,* 1863, gr. in-fol. oblong, 32 planches, cartonné.

2062. Mémoire sur le sarcophage et l'inscription funéraire d'Esmunazar, roi de Sidon, par d'Albert de Luynes. *Paris*, 1856, gr. in-4, cart., fig.

2063. Inscriptions in the himyaritic character, discovered chiefly in southern Arabia, and now in the British Museum. *London,* 1863, grand in-fol. oblong, cartonné, 18 planches.

2064. Trattato delle sepolcrali iscrizione in cufica lettera da Maomettani operate, composto dal cav. Michelangelo Lanci. *Lucca*, 1840, gr. in-4, d.-rel., 32 planches.

HISTOIRE LITTÉRAIRE.

2065. Histoire de la littérature grecque et romaine, par Pierron. — Histoire de la littérature française, par Demogeot. — *Hachette,* 1857, 3 vol. in-12. d.-rel.

2066. Histoire du roman dans l'antiquité, par Chassang. *Paris,* 1862, in-8, br.

2067. Papyrus grecs du Louvre et de la Bibliothèque impériale. *Paris, Impr. impér.,* 1865, gr. in-fol., br., 52 planches.

2068. Le Mont Athos et ses monastères, par V. Langlois. *Paris,* 1867, in-fol., br.

2069. Histoire de la littérature française, par Géruzez. *Paris, Didier,* 1861, 2 vol. in-8, d.-rel. v. f.

2070. Histoire littéraire de la France au xive siècle : Discours sur l'état des lettres, par Victor Leclerc. Discours sur l'état des beaux-arts, par Ernest Renan. *Paris, Michel Lévy,* 1865, 2 vol. gr. in-8, d. v. fauve.

2071. Etudes sur la renaissance, par D. Nisard. *Paris,* 1853, in-12, d. ch.

2072. Histoire de la littérature française pendant la révolution (1789-1800), par Géruzez. *Paris, Charpentier,* 1859, in-12, d. v. vert.

2073. Histoire de la poésie provençale, par Fauriel. *Paris,* 1846, 3 vol. in-8, d.-rel.

2074. De la Littérature du midi de l'Europe, par Sismonde de Sismondi. *Paris,* 1819, 4 vol. in-8, d.-rel.

2075. Documents inédits pour servir à l'histoire littéraire de l'Italie, par Ozanam. *Paris, Lecoffre,* 1850, in-8, d.-rel.

2076. Entretiens de Gœthe et d'Eckermann. Pensées sur la littérature et les arts. *Hetzel,* in-12, br.

2077. Tableau de la littérature allemande, par Mme Amable Tastu. *Tours,* 1843, in-8, d. v.

2078. Essai sur l'histoire de la philologie orientale en France, par Léon Vaïsse. *Paris, Didot,* 1844.

— Essai sur l'histoire de l'érudition orientale, par Dussieux. *Paris,* 1842, in-12, br.

2079. Mémoires présentés et lus à l'Institut égyptien, publiés sous la direction du docteur Schnepp. *Paris, Didot,* 1862, in-4, br., figures.

2080. J. Georgii Wenrich, de Poëseos hebraïcæ atque arabicæ origine, indole et discrimine, commentatio. *Lips.,* 1843, in-8, bas.

2081. Berington. Hist. littéraire des Arabes au moyen âge, 1823. — Humbert. Discours sur l'utilité de la langue arabe. 1823. — Ewald. De metris carminum arabicorum, 1825. — Ellious Bocthor. Discours prononcé à l'ouverture du cours d'arabe vulgaire. 1826. — 4 pièces en 1 vol. in-8, d.-rel.

2082. Ueber die ueberreste der Altbabylonischen literatur in Arabischen Uebersetzungen, von Chwolson. *Saint-Pétersburg,* 1859, in-4, br.

2083. Literaturgeschichte der Araber, von Hammer-Purgstall. *Wien,* 1850-56, 7 vol. in-4, pap. vélin, d. veau fauve.

Ouvrage d'une très-belle exécution.

2084. Beiträge zur Kenntniss der Poesie der alten Araber, von Noldeke. *Hannover,* 1864, in-8, br.

2085. Transactions of the literary society of Bombay. *London,* 1819, 3 vol. in-4, v. f., *fig.*

2086. Akademische Vorlesungen ueber indische Literaturgeschichte, von Weber. *Berlin,* 1852, in-8, d.-rel. v.

2087. Histoire de la littérature indienne, par Weber, trad. de l'allem. par Sadous. *Paris,* 1859, in-8, d.-rel. v.

2088. Panini : His place in sanskrit literature, by Goldstucker. *London,* 1861, gr. in-8, cartonné.

2089 Histoire de la littérature hindoue et hindoustani, par Garcin de Tassy. *Paris,* 1839, 2 vol. in-8, bas.

2090. Nouveau Dictionnaire des origines, par Noel et Carpentier. *Paris,* 1827, 2 vol. in-8, d.-rel.

2091. Le Trésor des chartes d'Arménie, recueilli, mis en ordre et publié par V. Langlois. *Venise,* 1863, in-4, br.

2092. Notice historique sur l'École des chartes, par M. Delpit. *Paris,* 1839, et autres brochures réunies en 1 vol. in-8, d.-rel.

2093. Cartulaire de l'église du Saint-Sépulcre de Jérusalem, publié d'après les mss. du Vatican par Eug. de Rozières. *Paris, Impr. impér.,* 1849, in-4, br.
    Texte et Appendice.

2094. Cartulaire de l'abbaye de Saint-Victor de Marseille, publié par Guérard. *Paris,* 1857, 2 vol. in-4, cartonnés.

2095. Cartulaire de l'abbaye de Beaulieu, en Limousin, publié par Maximin Deloche. *Paris, Impr. impér.,* 1859, in-4, cartonné.

2096. Cartulaire municipal de Saint-Maximin, publié par Rostan. *Paris,* 1862, in-4, br.

2097. Paléographie orientale, d'après les modèles écrits, dessinés et peints par J.-B. Silvestre. *Paris,* 1845, gr. in-fol., d.-rel., fig.

2098. MÉMOIRES de l'Académie des inscriptions et belles-lettres. *Paris,* 1815-1866, 25 tomes en 30 vol. in-4, cartonnés.
    Les tomes XXII, XXIII, 1re partie, et XXV, première partie, n'existent pas.

2099. Mémoires présentés par divers savants à l'Académie des inscriptions et belles-lettres (sujets divers d'érudition). *Paris, Impr. royale,* 1844-1864, 6 tomes en 8 vol. in-4, cart.

2100. Mémoires présentés par divers savants à l'Académie royale des inscriptions et belles-lettres de l'Institut de France. *Paris,* 1843-1865, 5 tomes en 7 vol. in-4, cartonnés.
    2e série : Antiquités de la France.

2101. Comptes rendus des séances de l'Académie des inscriptions, par Ernest Desjardins. *Paris, Aug. Durand,* 1858-64, 8 vol. in-8, d.-rel. v. f.

2102. NOTICES ET EXTRAITS DES MANUSCRITS de la Bibliothèque du roi. *Paris, Impr. roy.,* 1787-1865, 20 tomes en 25 vol. in-4, dont 14 reliés, et tome XXI, 2ᵉ partie.

BIOGRAPHIE.

2103. BIOGRAPHIE UNIVERSELLE. *Paris, Michaud,* 1815 à 1847, 80 vol. in-8, bas.

2104. NOUVELLE BIOGRAPHIE générale, publiée par MM. Firmin Didot frères. *Paris,* 1855-66, 46 vol. in-8, d. v. br.

> Les deux derniers volumes sont brochés.

2105. Dictionnaire de biographie, mythologie, géographie anciennes, traduit de Smith par N. Theil. *Paris, F. Didot,* 1865, in-12, br. fig.

2106. Vie des grands hommes, par Lamartine. *Paris,* 1855, 5 vol. in-8, d. ch.

2107. Iconographie grecque et romaine, par Visconti. *Paris, Didot,* 1808-17, 7 vol. in-4, et 2 atlas in-fol. d.-rel. v. ant.

2108. Vies des philosophes de l'antiquité, traduites de Diogène Laërte, par Zevort. *Paris, Charpentier,* 1847, 2 vol. in-12, d. v.

2109. Apollonius de Tyane, sa vie et ses voyages, traduits du grec de Philostrate par Chassang. *Paris,* 1862, in-8, br.

2110. Histoire de Photius, par l'abbé Jager. *Paris,* 1854, in-12, d.-rel.

2111. Histoire de la vie et des poésies d'Horace, par Walckenaer. *Paris, Didot,* 1858, 2 vol. in-12, d.-rel. v.

2112. Gallia orientalis, sive Gallorum qui linguam hebræam, vel alias orientales excoluerunt, vitæ, studio P. Colomesii. *Hagæ Comitum*, 1665, in–4, cartonné.

2113. Histoire de la vie et des ouvrages de Corneille, par M. Taschereau. *Paris, Jannet,* 1855, in-12, cart.

2114. Histoire de madame de Sévigné, par Aubenas. *Allouard,* 1842, in–8, d.-rel.

2115. Etudes sur la vie de Bossuet, par M. Floquet. *Paris, Firmin Didot,* 1855, 3 vol. in–8, d. v.

2116. Bossuet, précepteur du Dauphin, fils de Louis XIV, et évêque à la cour (1670–1682), par A. Floquet. *Paris, Didot,* 1864, in-8, br.

2117. Histoire de Fénelon, par le cardinal de Bausset. *Paris, Lecoffre,* 1850, 4 vol. in–8, d.-rel. v.

2118. Le Cardinal Maury, par Poujoulat. *Paris,* 1859, in-12, d. v.

2119. Eloges historiques des membres de l'Académie des sciences, par M. Flourens. *Paris,* 1856-57-62, 3 vol. in-12, br.

2120. Flourens. Histoire des travaux de Cuvier. *Paris,* 1845. — Histoire des travaux et des idées de Buffon. 1850, 2 vol. in-12, d.-rel.

2121. Vie, travaux et doctrine scientifique d'Etienne-Geoffroy Saint-Hilaire. *Paris,* 1847, in-12, d.-rel.

2122. Biographies de Portalis, Saint-Evremond, Et. Quatremère, H. Vernet, Creuzer, Aug. Thierry, Fauriel, etc. 20 br. in-8.

2123. Histoire de Nelson, par Forgues. *Paris, Charpentier,* 1860, in-12, br.

2124. P. Colomesii Italia et Hispania orientalis. *Hamburgi,* 1730, pet. in-4, vélin.

2125. Histoire de Dante Alighieri, par Artaud de Montor. *Paris*, 1841, in-8. d.-rel. portrait.

2126. Vie de Schiller, par Ad. Reguier. *Paris, Hachette,* 1859, gr. in-8, d.-rel.

2127. Vie de Washington, traduite de l'anglais, et précédée d'une introduction par M. Guizot. *Didier*, 1851, 2 vol. — Monk, étude historique, par M. Guizot. 1851. Ens. 3 vol. in-8, d.-rel. portraits.

2128. Ueber Ghazzâlis Leben und Werke, von Gosche. *Berlin*, 1859, in-4, cartonné.

2129. Les Hommes illustres de l'Orient, par Al. Mazas. *Paris*, 1849, 2 vol. in-8, bas.

2130. Emeric-David. Vies des artistes anciens et modernes. *Paris, Charpentier,* 1853, in-12, d.-rel. — Escudier. Rossini, sa vie et ses œuvres. 1854, in-12, d.-rel. v.

2131. Histoire de la vie et des ouvrages de Raphaël, par Quatremère de Quincy. *Paris*, 1833, gr. in-8, portrait, fig. et fac-simile, d.-rel.

2132. Louis David, son école et son temps, par Delécluse. *Didier,* 1855, in-12, d. ch.

BIBLIOGRAPHIE.

2133. Manuel du libraire et de l'amateur de livres, par J.-Ch. Brunet. *Paris, Didot,* 1860-63, 6 vol. gr. in-8, d.-rel. chagr.

2134. Lexicon bibliographicum, sive index editionum scriptorum græcorum, cura et studio G. Hoffmanni. *Lips.*, 1832-36, 3 vol. in-8, d.-rel.

2135. Essai historique sur la bibliothèque du Roi, par Leprince. *Paris*, 1782, pet. in-12, bas. — Le même ouvrage, nouvelle édition, publiée par L. Paris. 1856, in-12, d. ch.

2136. Le Palais Mazarin et les grandes habitations de ville et de campagne au xviie siècle, par le comte de Laborde (4e lettre sur l'organisation des bibliothèques dans Paris). *Paris, Franck,* 1845-46, 2 part. en 1 vol. gr. in-8, d.-rel.; *plans, figures et fac-simile.*

2137. Bibliothèque impériale. Catalogue de l'histoire de France, tome IXe (Hist. locale et Biographie). *Paris, F. Didot,* 1865, in-4, br.

2138. Les Manuscrits français de la Bibliothèque du roi, par M. Paulin Paris. *Techener,* 1836-48, 7 vol. in-8, d.-rel.

2139. Catalogue général des manuscrits des bibliothèques publiques des départements. *Paris,* 1849-61, 3 vol. in-4, cartonnés.

2140. Notice sur la bibliothèque d'Aix, par Rouard. *Paris,* 1831, in-8, d.-rel.

2141. Histoire des livres populaires, ou de la littérature du colportage. *Paris,* 1864, 2 vol. pet. in-8, br. *fig. en bois.*

2142. Literatur der Grammatiken, Lexika und Wörtersammlungen aller Sprachen der Erde, von Vater. *Berlin,* 1847, in-8, d.-rel.

2143. Hottingeri Bibliotheca orientalis. *Heidelbergæ,* 1658, in-4, vél.

2144. Bibliotheca orientalis, auth. Zenker. *Leipzig,* 1846, 2 vol. in-8, d.-rel. v.

2145. Bibliothecæ Sanscritæ specimen, concinnavit J. Gildemeister. *Bonnæ ad Rh.,* 1847, in-8, d.-rel.

2146. Casiri. Bibliotheca Arabico-Hispana Escurialensis. *Matriti,* 1760, 2 vol. in-fol. bas.

2147. Bibliotheca arabica, edidit Fred. de Schnurzer. *Halæ,* 1811, in-8, bas.

Ce volume est interfolié et contient quelques notes de la main de M. Reinaud.

2148. Bibliogr. index to the historians of Muham·
medan India, by Elliot. Vol. I, general histories.
Calcutta, 1849, in-8, perc.

2149. De Rossi. Annales Hebræo-typographici ab
ann. 1501 ad 1540. *Parmæ,* 1799, in-4, d.-rel.

2150. Dizionario storico degli autori Ebrei e delle
loro opere, disteso dal dottore B. de Rossi. *Parma,*
1802-1807, 2 vol. in-8, bas.

2151. Notice sur le premier ouvrage d'anatomie et
de médecine publié, en turc, à Constantinople,
par Bianchi. *Paris,* 1821, in-8, d.-rel.

2152. Catalogue de la biblioth. de Damad-Ibrahim
Pacha. *Lithogr. à Constantinople,* en 1279 *de
l'hégire,* in-fol., cartonné.

2153. A Catalogue of the Arabic, Persian and Hin-
dustany manuscripts of the libraries of the King
of Oudh, compiled by Sprenger. *Calcutta,* 1854,
gr. in-8, br.

Tome premier.

2154. Catalogue of several hundred manuscripts
works in various oriental languages, collected
by Ouseley. *London,* 1831, in-4, cart. —Oriental
mss. purchased in Turkey. — Codices Arabigos
adquiridos en Tetuan. *Madrid,* 1862, gr. in-8, br.
— Codd. Syriacorum specimina, cur. Dietrich.
1855, in-4, br.

2155. Catalogus codicum mss. orientalium qui in
Museo Britannico asservantur. *Londini,* 1852,
2 vol. in-fol., cart.

Vol. IIe en deux parties.

2156. Bibliothecæ Mediceæ Laurentianæ et Palatinæ,
cod. mss. orientalium Catalogus, autore Assemano.
Florentiæ, 1742, in-fol., cart.

2157. Codices mss. Hebraici bibliothecæ J.-B. de
Rossi. *Parmæ,* 1803, 3 vol. in-8, bas.

2158. Catalogues des manuscrits hébreux et sama-
ritains de la Bibliothèque impériale. In-4, br.

2159. Catalogus codicum hebræorum bibliothecæ
academiæ Lugduno-Batavæ, autore Steinschneider.
Lugd.-Batav., *Brill*, 1858, gr. in-8, papier vélin,
d. v. fauve, 10 fac-simile.

2160. Catalogus codicum orientalium bibliothecæ
academiæ Lugduno-Batavæ, autore Dozy. *Lugd.-
Batav.*, 1851-66, 4 vol. bas. et br.

2161. Catalogus codicum orientalium bibliothecæ
Academiæ R. scientiarum, edidit de Jong. *Lugd.-
Bat.*, *Brill*, 1862, in-8, br.

2162. Die Orientalischen Handschriften der Herz.
Bibliothek zu Gotha. *Wien*, 1859-64, 2 part.
in-8, br.

Persischen und Turkischen Handschriften.

2163. Die arabischen, persischen und turkischen
Handschriften der königlichen Biblioth. zu Wien,
beschreiben von G. Fluegel. *Wien*, 1865, gr. in-4,
br., tome 1.

2164. Tornberg. Codices arabici, persici et turcici
biblioth. Upsaliensis. 1849. — Catalogus codicum mss. bibliothecæ Dresdensis, edidit Fleischer.
Lips., 1831, 2 ouvr. en 1 vol. in-4, d.-rel.

2165. Codices orientales biblioth. Hafniensis, des-
cripti a F. Mehren. Pars tertia, continens codices
persicos, turcicos et hindustanicos. *Hafniæ*,
1857, in-4, cart.

2166. Les Manuscrits persans de la bibliothèque de
Munich. *Munich*, 1866, 2 part. gr. in-8, br.

2167. A descriptive Catalogue of the oriental manuscripts and other articles illustrative of the
literature, history and antiquities of the South
of India, collected by colonel Mackensie, published by H. Wilson. *Calcutta*, 1828, 2 vol. in-8,
d. mar. rouge.

2168. Catalogue des manuscrits et xylographes orientaux de la bibliothèque de Saint-Pétersbourg. *Impr. de l'acad. impériale des sciences*, 1852, très-grand in-8, pap. vélin, d. v. fauve.

2169. Notices de quelques manuscrits arabes, par Dozy. *Leyde, Brill*, 1847-51, in-8, d.-rel.

2170. Catalogue d'une collection de 5oo manuscrits orientaux, collection de M. Rousseau, ancien consul en Orient. *Paris*, 1817. — Catalogo dei codici arabi, persiani e turchi della biblioteca Ambrosiana. *Milano*, 1839, 2 part. en 1 vol. in-8, d.-rel.

2171. Handschriften arabische, persische, turkische, Hammer-Pursgall's. *Wien*, 1840, in 8, d.-rel.

2172. A descriptive Catalogue of the historical manuscripts in the Arabic and Persian languages, by W. Morley. *London*, 1854, in-8, cart.

2173. Catalogue des livres de la bibliothèque de Langlès. *Paris, Merlin*, 1825, in-8, rel.

2174. Catalogue de la bibliothèque de M. Abel Rémusat, *Merlin*, 1833; — de M. Saint-Martin, *Leblanc*, 1832; — de M. Kieffer, *Silvestre*, 1833; 3 part. en 1 vol. in-8, d.-rel.

2175. Catalogus librorum bibliothecæ Schultensianæ. *Lugd.-Batav.*, 1841, in-8, d.-rel.

2176. Bibliothèque du baron Silvestre de Sacy, catalogue rédigé par M. Merlin. *Impr. royale*, 1842-47, 3 vol. in-8, d.-rel.

2177. Catalogue de la bibliothèque de M. Libri. *Silvestre*, 1847, in-8, d.-rel.

2178. Catalogue de la bibliothèque de M. Eugène Burnouf. *Duprat*, 1854, in-8, d.-rel.

2179. A Catalogue of the biblioth. orientalis Sprengeriana. *Giessen*, 1857, in-8, br. — Bibliogr. annamite, par Barbié du Bocage, 1867, etc. 3 vol. in-8, br.

JOURNAUX ET ENCYCLOPÉDIES.

2180. Journal des Savants. *Paris, Imprim. imp.,* 1864-65 et 66, et 4 cahiers de 1867, en livraisons.

2181. Archives des missions scientifiques (2ᵉ série). *Paris, Impr. imp.,* 1864-66, 3 tomes en 9 livraisons, in-8, br.

2182. Le Correspondant. *Janvier 1864 à juin 1867,* en livraisons.

2183. Esprit de l'Encyclopédie, recueil publié par Hennequin. *Paris, Verdière,* 1822, 15 vol. in-8, d.-rel.

2184. Encyclopédie des gens du monde. *Paris, Treuttel,* 1833-44, 22 vol. in-8, d.-rel.

2185. Dictionnaire général des lettres, des beaux-arts, et des sciences morales et politiques, par Bachelet. *Paris,* 1862, in-4, d.-rel. chagr.

2186. Annuaire encyclopédique. *Paris,* 1860-66, 6 vol. gr. in-8, cart.

———

MANUSCRITS.

——

2187. Le Koran, en arabe. In-8, mar. rouge, riche reliure orientale.

Beau manuscrit, avec les deux premières pages encadrées d'ornements en or et en couleur.

2188. Très-beau MANUSCRIT arabe, contenant : 1° Divers fragments du Koran ; 2° Les Délayl-Alkhayrat, ou Traité des formules de bénédictions dont on doit faire suivre la mention du nom de Mahomet. In-12, mar. brun, doublé de mar. rouge, avec dorures et arabesques.

> Manuscrit orné de très-jolies miniatures et de quantité d'arabesques en or et en couleur. L'écriture en est très-belle. Ce manuscrit, qui nous paraît ancien, aurait besoin de réparations ainsi que sa reliure.

2189. Commentaire abrégé de l'Alcoran, commencé par Djelal-Eddin–Mohammed, et achevé par Djelal-Eddin-Abd-al-Rahman-al-Soyouthy. *Manuscrit* arabe, in-4, d. v. ant.

> Du Ryer a fait un grand usage de ce Commentaire pour sa traduction du Koran. (*Extrait d'une note de M. Reinaud.*)

2190. *Hadyts.* Recueil alphabétique des traditions de Mahomet, extrait du recueil de Soyouthy. *Manuscrit* petit in-4, d. v.

2191. *Salih,* ou Recueil de traditions relatives à Mahomet.

> Manuscrit arabe en 1 vol. in-fol. maroq. Reliure orientale, dans un étui.

2192. Traité de jurisprudence musulmane, par Sidi Khalil. *Manuscrit,* en 1 vol. in-4, d. v. vert.

> C'est l'ouvrage qui a été traduit et paraphrasé en français par le Dr Perron, en 6 vol. gr. in-8. J'ai marqué, en marge de ce manuscrit, les renvois à la trad. française. (*Note de M. Reinaud.*)

2193. Cinq Traités de grammaire arabe, avec quelques notes marginales. *Manuscrit* très-bien exécuté, in-12, maroq., reliure orientale.

> Ce recueil, qui sert dans les écoles, a été successivement imprimé à Constantinople et au Caire. (*Note de M. Reinaud.*)

2194. Description de La Mekke et de Médine, par le scheik Abou-Abd-Allah–Mohammed (en 860 h. 1456 de J.-C.), in-4, d.-rel.

> Manuscrit arabe; il a appartenu à Burckhardt. Cet ouvrage n'a pas été mentionné par Hadji Khalfa.

2195. Séances de Hariri, avec des gloses marginales et interlinéaires, le tout en arabe. BEAU MANUSCRIT, petit in-fol., écriture d'Afrique, maroq. rouge, reliure orientale.

2196. Séances de Hariri, *manuscrit* arabe, avec des gloses marginales et interlinéaires. In-8, très-jolie reliure orientale, en maroq. rouge et en soie.

2197. Molhat al Irab, ou Récréations grammaticales, en vers, par Hariri, avec un commentaire en prose par le même. In-8, d. mar. r.

Copie manuscrite de cet ouvrage, de la main de M. Derenbourg.

2198. *Djanheret Alyaouakit*, ou la Perle de rubis, par Mohibb-Eddyn-Mohammed, surnommé Ibn Alatthar. *Manuscrit* arabe, en caractères africains, pet. in-4, reliure orientale, mal conservée.

2199. IBN KHALLIKAN. Dictionnaire biographique, *en arabe*. 2 vol. in-4, rel.

Très-beau manuscrit du xviie siècle, comprenant plus de 2000 pages de texte.

2200. *Nodjoum Azzahirat*, ou les Etoiles resplendissantes. Traité d'astronomie, en arabe, par Izz-Eddin-abd-Alaryz. *Manuscrit* petit in-4, cartonnage oriental.

2201. Manuscrit arabe en mauvais état, contenant un mélange de prose et de vers, pet. in-4, v. br.

2202. Medjmon Alayad, par Meymoun ibn Kassim, de Tibériade. Manuscrit arabe, pet. in-4, maroq., rel. orientale. (Feuillets en mauvais état.)

2203. *Nuzhat ennazherin*. Histoire des Emirs et des Sultans qui ont gouverné l'Egypte, par le cheikh Merei-el-Hanbali, en arabe, in-8, mar. v. rel. orientale.

Manuscrit de 58 feuillets d'une très-jolie écriture.

2204. Les Proverbes de Meydany. Manuscrit du xviiie siècle, en arabe, 3 vol. gr. in-8, v. rac. fil.

2205. Commentaire sur les Moallakah, par Zouzeni. Manuscrit arabe in-4, d.-rel.

2206. *Tarykh Alyémyny*, ou histoire du sultan Mahmoud le Gasnévide, par Otby. *Manuscrit* arabe copié en 1069 de l'hégire. Pet. in-4, reliure orientale.

2207. Recueil d'anecdotes, en arabe. *Manuscrit* de l'année 1148 de l'hégire (1735), in-12 de 248 feuillets, rel. orientale.

Voir le *Journal asiatique,* février-mars 1861, page 269.

2208. *Almozhir fyl.-Loghat.* Histoire de la langue et de la philologie arabe, par Soyouthy. MANUSCRIT in-4, dem.-maroq. rouge.

Ce *manuscrit* a appartenu à M. Fresnel; il a été plusieurs fois cité par lui dans ses *Lettres sur l'histoire des Arabes avant l'islamisme.* Il a été transcrit en 960 de l'hégire d'après un exemplaire copié sur le Ms. autographe de l'auteur, lequel avait été en partie revu par Soyouthy et portait des remarques de sa main. (*Extrait d'une note de M. Reinaud.*)

2209. Supplément à la chronique arabe de Thabary, par Mohammed, fils d'Abd-Al-Malek. *Manuscrit* pet. in-4, maroq. r. reliure orientale.

2210. Traité de magie. Manuscrit arabe du xviii° siècle, in-4, d.-rel.

2211. Le Divan, par Hafiz de Shiraz. Manuscrit gr. in-8, maroq. vert, doublé de maroq. rouge. Belle reliure orientale.

Manuscrit persan avec des bordures en or et en couleur à chaque page, et plusieurs miniatures également en or et en couleur. Le tout d'une très-belle exécution.

2212. Leili et Medjnoun, poëme persan de Mektebi. *Manuscrit* in-4, maroq. rouge, reliure molle.

2213. *Manuscrits* en langue turque. Recueil des capitulations de la Porte ottomane avec la France, 13 *feuillets.*—Capitulations avec l'Angleterre, 31 *feuillets.* — Traités de paix entre l'Autriche et la Porte, 20 *feuillets.* — Capitulations et traités de paix entre la Porte ottomane et la Russie, 21 *feuillets;* le tout relié en 1 vol. pet. in-4, cartonnage oriental.

2214. *Merket essema.* Le Conducteur du ciel, ouvrage astronomique, par Abdullah Perweez, en turc, in-8, d.-rel.

Beau *manuscrit* de 55 feuillets avec des figures d'astronomie.

2215. Histoire et sujet de la guerre de Candie, en turk et en français. Manuscrit du xviiᵉ siècle in-4, d.-rel.

2216. Abrégé historique des souverains de l'Indoustan, ou empire du Mogol, par Gentil, capitaine au service de France dans l'Inde. 1742.

> Manuscrit de 242 pages in-fol. orné d'une miniature et d'une carte géographique.

OUVRAGES DE M. REINAUD

EN NOMBRE.

2217. Notice sur les dictionnaires géographiques arabes. *Paris, Impr. impér.*, 1861, in-8, br., 54 p.   8 ex.

Extrait du *Journal asiatique.*

2218. Notice de la Gazette arabe de Beyrout. *Paris, Impr. impér.*, 1858, in-8, br.   11 ex.

Tirage à part du *Journal asiatique.*

2219. Description d'un fusil oriental. 1856, in-8, br., 4 p.   16 ex.

Extrait du *Journal asiatique.*

2220. Notice sur le catalogue général des manuscrits orientaux de la Bibliothèque impériale. 1855, 16 p. in-8, br.   41 ex.

Extrait du *Journal asiatique.*

2221. Rapport sur un essai de grammaire de la langue des Kabyles, par Hanoteau. In-8, 16 p. 12 ex.

2222. Rapport sur le tableau des dialectes de l'Algérie, par Geslin. 1856, in-8, br.   6 ex.

2223. Mémoire sur le commencement et la fin du royaume de la Mésène et de la Kharacène. 1861, in-8, br.   6 ex.

Extrait du *Journal asiatique.*

2224. Mémoire sur le royaume de la Mésène et de la Karacène, d'après les témoignages grecs, arabes et persans, 1864, in-4, br.   3 ex.

2225. Rapport sur la chape arabe de Chinon. 1855, in-8, br. 16 pages.   13 ex.

2226. Rapport sur la chape arabe de Chinon. *Paris*, 1856, in-8, br.   26 ex.

2227. Fragments arabes et persans inédits, relatifs à l'Inde, antérieurement au xie siècle, 1845, in-8, broché.   4 ex.

2228. De l'Etat de la littérature chez les populations chrétiennes arabes de la Syrie, 1856, in-8, br., 32 p.   12 ex.

> Extrait du *Journal asiatique*.

2229. Monuments arabes, persans et turcs du cabinet du duc de Blacas. *Paris*, 1828, 2 vol. in-8, 400 p. et 488 p., plus 10 planches.

> 51 exemplaires papier ordinaire et 1 exemplaire papier vélin, plus les cuivres de l'ouvrage.

2230. Relations politiques et commerciales de l'empire romain avec l'Asie orientale. *Paris, Impr. impér.*, 1863, in-8, br., 338 pp. et 4 cartes.

> 483 exemplaires.

2231. Géographie d'Aboulféda, traduite de l'arabe en français. *Paris,* 1848, 2 vol. in-4 (tome Ier et tome IIe, Ire partie). 303 ex. complets et 19 ex. du t. IIe séparé.

> De ces exemplaires, 270 sont en feuilles et le reste broché.
> Les trois planches n'ont été tirées séparément qu'à 63 exemplaires; elles sont tachées. Les cuivres existent et seront livrés à l'acquéreur.

FIN.

TABLE DES DIVISIONS.

—

HISTOIRE.

FIN DE LA TABLE DES DIVISIONS.

CONDITIONS DE LA VENTE.

Il y aura, chaque jour de vente, exposition, de 2 à 4 heures, des livres qui seront vendus le soir.

Les livres vendus devront être collationnés sur place, dans les vingt-quatre heures de l'adjudication ; passé ce délai, ou une fois sortis dela salle de vente, ils ne seront repris pour aucune cause.

Les acquéreurs payeront, en sus du prix d'adjudication, cinq centimes par franc, applicables aux frais.

Paris — Typographie de Ad. R. Lainé et J. Havard, rue des Saints-Pères, 19.